うみぽす 海のPRコンテスト 2019

160選

は　じ　め　に

絵てがみ部門が加わり、応募総数は過去最多

おかげさまで第5回海と日本PROJECT海のPRコンテスト「うみぽす2019」は応募総数3,914作品（前年3,418作品）。今回も過去最高の応募数となりました。ご応募いただきましたすべての皆様、誠にありがとうございました。また、開催にあたり国土交通省様、文部科学省様、環境省様、観光庁様、そして日本財団様をはじめとする数多くの関係者の皆様のご後援、ご援助に心より感謝いたします。

応募作品の中から厳正なる審査を経て、ポスター一般の部80作品、ポスターこどもの部20作品、絵てがみ一般の部20作品、絵てがみこどもの部20作品、動くポスター（動画）部門20作品が入賞作品として選出されました。これには44の都道府県からなる〈海と日本PROJECT〉の各エリアが選出した作品も含まれています。

そして最終審査で各部門のグランプリ・準グランプリをはじめ、海と日本PROJECT賞の各賞、SDGs14海の豊かさを守ろう賞、うみめし賞、日本郵便賞、ビックカメラ賞、審査員特別賞がそれぞれ選ばれました。

「うみぽす」は、海を未来へ引き継ぐアクションの輪を広げていくため、日本財団、総合海洋政策本部、国土交通省の旗振りのもと、オールジャパンで推進する「海と日本PROJECT」（詳細は198～199頁参照）の一環として開催されております。

海との親和性や関係性が希薄になっているといわれる昨今、このコンテストを機会に、お気に入りの海をテーマにポスターや絵てがみ、動画を創作することで、日本の海の魅力を再発見し、その素晴らしさを表現、アピールしていただくことが狙いです。完成した作品を見る方々にとっては、そこに描かれた日本の海にある美しい風景、人々、食などの多様性に富んだ文化を再認識し、次世代の子供たちにその魅力を伝えていけるようなコンテストを目指して開催されています。

本書には全国から寄せられた全応募作品の中から第一次審査で選出された入賞作、グランプリ、準グランプリをはじめとする各賞を受賞した作品、合わせて160点が掲載されています。個性あふれる魅力的な作品の数々をご鑑賞ください。

「うみぽす2019」実行委員会 委員長
田久保 雅己

CONTENTS

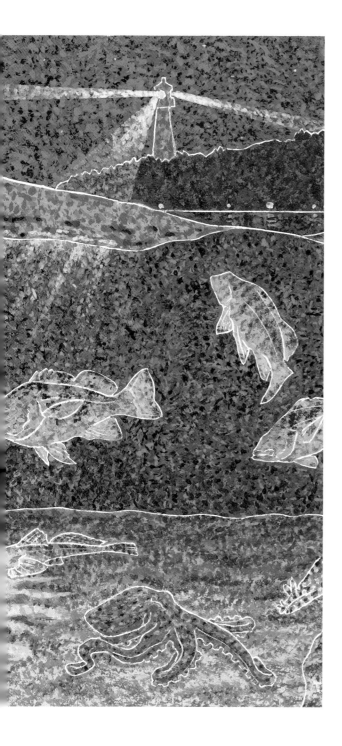

海のPRコンテスト「うみぽす2019」で使用された募集用の案内チラシ

ワークショップ開催地募集中

あなたの町で「ポスターの作り方」ワークショップを開催しませんか？
ご希望の方はうみぽす事務局へご連絡ください。(Tel. 03-5549-2151)

「うみぽす」公式ホームページ

https://umipos.com/

「うみぽす2019」概要

名称	海と日本PROJECT 海のPRコンテスト「うみぽす2019」
テーマ	「この海に来て」「海を守りたい」「おいしい海」のうちから1つ ユーモアあふれるアイデアで海の宣伝ポスター＆絵てがみ＆動くポスター（動画）をつくってください。
題材・対象	日本全国の海や海の周辺地域に関わるもの全て（景色・人・食など）
募集締切	2019年9月10日（火）
応募資格	こども／大人、個人／法人・団体、プロ／アマ、国籍を問わず
特別賞	【ポスター部門：一般の部】　グランプリ：賞金30万円　準グランプリ：賞金5万円 【ポスター部門：こどもの部】　グランプリ：図書券3万円　準グランプリ：図書券1万円 【絵てがみ部門：一般の部】　グランプリ：賞金30万円　準グランプリ：賞金5万円 【絵てがみ部門：こどもの部】　グランプリ：図書券3万円　準グランプリ：図書券1万円 【動くポスター（動画）部門】　グランプリ：賞金30万円　準グランプリ：賞金5万円 【海と日本PROJECT賞】　ポスター賞（ポスター部門から選出）：賞金5万円 　　　　　　　　　　　　　絵てがみ賞（絵てがみ部門から選出）：賞金5万円 　　　　　　　　　　　　　動くポスター（動画）賞（動画部門から選出）：賞金5万円 【サスティナブル奨励賞】　SDGs14海の豊かさを守ろう賞（全部門から選出）：賞金5万円 　　　　　　　　　　　　　うみめし賞（全部門から選出）：賞金5万円 【審査員特別賞】　日本郵便賞（絵てがみ部門から選出）：副賞 　　　　　　　　　ビックカメラ賞（全部門から選出）：副賞 　　　　　　　　　石原良純賞（全部門から選出） 　　　　　　　　　別所哲也賞（全部門から選出） 　　　　　　　　　パントビスコ賞（全部門から選出） 　　　　　　　　　中村征夫賞（全部門から選出） 　　　　　　　　　矢ヶ崎紀子賞（全部門から選出） 　　　　　　　　　田久保雅己賞（全部門から選出）
入賞特典	全入賞160作品の作者を、東京での表彰式にご招待、賞状と作品集を贈呈します。
応募方法	うみぽす公式ホームページ（umipos.com）から応募。絵てがみはポスト投函も可。くわしくはホームページにて。
入賞規定	入賞者は後日、原本もしくは実データを郵送いただきます。 ※お送りいただけなかった場合やサイズ等応募規定に反している作品は入賞取消となりますのでご注意ください。 ※原本をお送りいただいた場合、応募作品は返却しませんのであらかじめご了承ください。
主催	一般社団法人 海洋連盟
共催	株式会社舵社、日本財団
協賛	日本郵便株式会社、株式会社ビックカメラ
後援	国土交通省、文部科学省、環境省、観光庁

審査員の紹介とコメント

玉木 明
Tamaki Akira
切手デザイナー
日本郵便株式会社

今回初めて審査に参加しました。審査会に出るまでは、審査をさせていただくことに対する不安もありましたが、それは杞憂に終わりました。どの部門も、質・量とも素晴らしかったからです。しばらく審査を忘れて、観覧者として楽しんでいたくらいです。印象的だったのは海をテーマにしたコンテストにもかかわらず、海に面してない地域の方からの応募が見られたことです。でも考えてみれば、海は海に面した地域だけのものではありません。"遠くにある海"、"たまにしか見ない海"を思う気持ちは、海に接している地域の人にはないものがあるのでしょう。万葉集や古今集などにも、遠くの人や故郷への思いが詠まれたものがあります。海が近くにあるからといって、それがアドバンテージになるという訳ではない、というのがこのコンテストの面白いところかもしれません。来年もまた、たくさんの海に出会えることを楽しみにしています。

1968年三重県生まれ。1991年愛知県立芸術大学美術学部デザイン科卒業、同年郵政省に技芸官として入省。以降、切手デザイナーとして多くのデザインに携わる。代表作：切手趣味週間（2004年、2011年～）、国際文通週間（1999～2009年、2013年～）、野菜とくだものシリーズ（2013～2016年）、正倉院の宝物シリーズ（2014～2016年）、関西国際空港開港記念（1994年）、婦人参政権行使50周年記念（1996年）、議会開設110周年記念（2000年）、同120周年記念（2010年）、東日本大震災寄附金付（2011年）、伊勢志摩サミット（2016年）、東京オリンピック・パラリンピック競技大会寄附金付（2019年）、G20大阪サミット（2019年）

ビックカメラ
BicCamera

みんなが笑顔になる表現で「たのしい広告」をつくる海のPRコンテスト「うみぽす」に今回よりビックカメラ賞を設け、参加させていただきました。審査会では各作品の色彩やダイナミックな構図など、応募作品のレベルの高さに感銘いたしました。応募者が海から授かった驚きや感動、地元やゆかりのある海への想いが伝わってくると同時に、いつの時代でも子供たちの豊かな発想には驚かされるばかりです。さて当社は1978年5月池袋駅北口にカメラの専門店として創業しました。40年以上経った今でも大切な人とのひととき、人生の節目、また自然や町の風景、目に映るあらゆるモノ・コトを写真に残すことはとても意義があると考えております。想い出のひとときを写真に残すことで日々の生活に潤いが生まれ、多くを気付かせてくれます。そんなことを考えながら、今回のビックカメラ賞は「こどもの笑顔」と「海」を主体とした作品を選定させていただきました。「うみぽす」を通じて、きれいで豊かな海を後世につないでいくお手伝いが出来れば幸いです。

石原 良純
Ishihara Yoshizumi
俳優／気象予報士

今年も自分の愛する日本各地の海が美しく、そして楽しい作品となって数多く寄せられました。"うみぽす"の作品創りをすること、"うみぽす"の作品を多くの人に見てもらうことで、日本の海そして世界の海に興味をもってもらうことは、大変に重要なことだと思います。しかし、その海が今、大きな危機に瀕しているのは紛れもない事実です。海水温の上昇は、今まで考えられなかったような大雨や強風をもたらす巨大台風を生みます。目に見えないけれどマイクロプラスチックが生命の源である海の生態系を確実に破壊しています。いずれもその元凶が人間の経済活動にあることも事実です。いつまでも、美しい海を楽しみ、その恵みが受けられるように"うみぽす"を通して海への関心が高まることを期待します。また、来年を楽しみにしています。

1962年神奈川県逗子生まれ。慶應義塾大学経済学部卒業。1984年松竹富士映画「凶弾」でデビュー。その後、舞台、映画、テレビドラマなどに出演。テレビ朝日「週刊ニューススリーダー」司会、テレビ朝日「モーニングショー」コメンテーターなど多数。ドラマは、NHK大河ドラマ「花燃ゆ」など多数。湘南の空と海を見て育ったことから気象に興味を持ち、気象予報士試験へ挑戦。1997年、見事合格、日本の四季、気象だけではなく、地球の自然環境問題にも力を入れている。2001年に出版された「石原家の人びと」（新潮社）はベストセラーとなり、作家としても注目を集める。また、官公庁・地方自治体の環境講演会、シンポジウム多数。

別所 哲也
Bessho Tetsuya
俳優／「ショートショート フィルム フェスティバル & アジア」代表

私達の国土を取り巻く母なる海が、それぞれの作品から語りかけてきます。そこには、それぞれの地域の「声」が、モノガタリとなって広がります。俳優の表現にも、また、主宰する国際短編映画祭に集まるショートフィルムの世界にも「心のセリフ」が存在します。審査は、そういった作品に込められた「内なる声」に耳を傾ける素晴らしい時間でした。表現に正解はありません。しかし「これが正解だ！」と感じさせてくれる説得力ある表現は存在します。そこには、時には切実な訴え、時にはユーモア、時には美しさがあるものです。一つ一つの切り取られた風景や描写の届ける声が、まさに審査会場では、作品を通じて豊かな海のように共鳴しハーモニーを織り成していました。この先、一つ一つの作品がさまざまな場所で展示展開されたらよいなと、心から思います。年を重ねるごとに充実した作品応募があり審査にも熱が入ります。参加された全て皆さんのアイデアに感服しました。ありがとうございます。

90年、日米合作映画『クライシス2050』でハリウッドデビュー。米国映画俳優組合（SAG）メンバーとなる。その後、映画・TV・舞台・ラジオなどで幅広く活躍中。99年より、日本発の国際短編映画祭「ショートショート フィルムフェスティバル」を主宰。文化庁文化発信部門長官表彰受賞。観光庁「VISIT JAPAN大使、外務省「ジャパン・ハウス」有識者諮問会議メンバーに就任。内閣府「世界で活躍し『日本』を発信する日本人」の一人に選出。第1回岩谷時子賞奨励賞受賞。第63回横浜文化賞受賞。第45回ベストドレッサー賞インターナショナル部門受賞。第34回ベストジーニスト賞協議会選出部門受賞。

パントビスコ
Pantovisco
マルチクリエイター

今回のコンテストを通して、全国から集まった海への愛情や思いがたっぷりと詰まったたくさんの作品と出会う事ができ、とてもぜいたくでした。実は私はSNSがきっかけでたくさんのお仕事を頂けるようになった身でして、毎日のように自分の日常での気づきや面白い出来事を発信してはたくさんの共感を頂いております。今回皆さんが海をテーマにした作品を制作されるにあたり、元々伝えたいポイントを持っていた方もいれば、コンテストのために探してみようと思われた方もいたと思います。コンテストの応募にかかわらず普段からSNSやネットを上手く駆使し、皆さんそれぞれが大好きな海の良いところを発信し続ければ、ご自分の"推し海"が突然スターになることもあるかもしれませんね。ぜひお一人お一人が素晴らしい海の「発信者」となって、自分だけの"推しポイント"を多くの方々と共有してみてください。たくさんのすてきな作品をありがとうございました。

イラスト、ムービー、コピーライティングにおいてマルチに表現を行うクリエイター。Instagramでのフォロワー数は53万人を超える。これまでに3冊の著書を出版し、雑誌・WEBで8本の連載を抱える他、広告ディレクション、企業コラボやTV出演、アニメ原作など業種や媒体を問わず活躍の場を広げている。全国三か所で行われたパルコでの個展では2万人以上の動員を記録。福岡県出身、東京で活動中。

中村 征夫
Nakamura Ikuo
写真家

「うみぽす」の審査では、今年はどのような作品に出会えるのかとても楽しみです。一堂に並べられた作品群を前にすると、どの作品からも故郷の海に対する熱い思いが感じられ、審査する私自身も温かい気持ちに包まれます。写真やイラスト、あるいは絵画で工夫を凝らし構成し、それに気の利いたキャッチコピーが添えられていますが、応募作一点一点に、日本の海の美しさ、豊かさが凝縮されているように感じます。2019ポスター部門一般の部グランプリ作品は、美しい海と、こよなく笑いを愛する与論人を、ストレートに写し撮った写真がとても目を引きました。コピーも、そうきたか・・・と笑わせてくれます。ポスター部門こどもの部グランプリ作品は、子供の豊かな発想力に完全に参りました。大好きなカニを大きく本物のように見せようと、カニや波はハサミで切って貼り絵として完成させました。大人も子供も参加できる「うみぽす」。日本全国津々浦々から寄せられる海からの誘いに、訪れたい気持ちが高ぶります。

1945年秋田県潟上市生まれ。19歳のとき神奈川県真鶴岬で水中写真を撮るダイバーに出会い、独学で水中写真を始める。1977年東京湾にはじめて潜り、ヘドロの海でたくましく生きる生きものに感動、以降ライフワークとして取り組む。数々の報道の現場を経験し、新聞でスクープをとるなど「海の報道写真家」として活躍。出版物、テレビ、ラジオ、講演会とさまざまなメディアを通して海の魅力や海をめぐる人々の営みを伝えている。

矢ケ崎 紀子
Yagasaki Noriko
東京女子大学
現代教養学部国際社会学科 教授

毎年応募作品のレベルがあがっている「うみぽす」ですが、今年もひとしおでした。グランプリ作品の最高に楽しいユーモアは、海を愛し、海とともに生きている人々のチャーミングな一面を垣間見ることができ、それを通して、海そのものの懐の深さを再認識させるものでしたし、準グランプリ作品は、とにかく心に染み入るように奇麗で、こんな表現もあるのかとハッとさせられました。この2作品に代表されるように、今年の応募作品は、海そのものの美しさを直接的に切り取るというよりは、海と人との関わりの中から伝えたいことを選んで表現するという傾向が強くなってきたように思います。また、私にとっては、動画部門の充実がうれしく感じられました。動画は、ポスターとは異なる情報を大量に伝えることができます。動画の扱いに慣れている若い世代が、海を素材に、楽しくすてきな作品を応募してくれることを期待いたします。

九州大学大学院法学府修士課程修了。専門分野：観光政策論、観光産業論。（株）住友銀行（1987年4月～1989年10月）、（株）日本総合研究所（1989年10月～2014年2月）、国土交通省観光庁参事官（観光経済担当）（官民交流, 2008年10月～2011年3月）、東洋大学国際観光学部教授（2014年4月～2019年3月）を経て現職。日本貨物鉄道株式会社　社外取締役（2014年6月～）、国土交通省交通政策審議会委員、社会資本整備審議会臨時委員、国土審議会特別委員。

田久保 雅己
Takubo Masami
「うみぽす2019」実行委員長
株式会社 舵社 常務

日本が世界に誇る景勝地や避暑地は、明治時代に日本アルプスの中心地、上高地をイギリスに紹介したウォルター・ウェストンや、軽井沢の父と呼ばれたアレクサンダー・クロフト・ショー（カナダ）、あるいは中禅寺湖を各国大使館の別荘地として広めたアーネスト・サトウ（イギリス）など、外国人が発見した例が多く見受けられます。最近でも海外から来日する観光客が、日本人にとってこれまで興味のなかった場所が人気スポットになったりしています。このように、私たちは意外と身近なところに魅力的な風景があることに気がつかないだけなのかもしれません。日本の海岸線の長さは3万キロ。世界で6番目の長さがあります。あなたの住んでいる所のすぐ近くにある海をテーマに、世界の人々を惹きつけるような作品を制作して「うみぽす」に応募してみてはいかがですか。

1953年、千葉県習志野市生まれ。学生時代はクルーザーヨット部の主将としてレースやクルージングで活躍。卒業後、ヨット・ボートの専門出版社（株）舵社に就職。以来、今年で創刊88年を迎える雑誌「kazi（舵）」の編集長などを務め、現在は常務。2005年に海のライフスタイルマガジン「Sea Dream」を創刊、編集長として取材をするかたわら、国土交通省が管轄するUMI協議会（マリン関連18団体加盟）会長やマリンジャーナリスト会議の会長などを務めながら、マリン産業普及のために精力的に活動している。取材で訪問した国は35カ国を超え、内外のマリン事情に精通。著書に「海からのメッセージ」、「ヨット・ボートに乗るキッカケ教えます」（舵社刊）などがある。

審査会場となった日本財団本部ビルの大会議室で、ずらりと並んだポスターを1点1点真剣なまなざしで採点する審査員たち

海のPRコンテスト「うみぽす2019」審査会

審査員が苦慮するほど
ますますレベルが高くなった作品群

海のPRコンテスト「うみぽす2019」の応募総数は3,914作品。その中から選出された入賞作品が東京・赤坂にある日本財団の大会議室に掲示され、令和元年9月24日、グランプリなど特別賞を選ぶ審査会が開催されました。

| パントビスコさん | 中村征夫さん | 玉木明さん | 別所哲也さん |

ビックカメラの堀越さん（左）と野村さん（右）

モニター画面を見ながら動くポスター（動画）部門の審査

「今年は昨年よりさらに応募作品のレベルが上がってますねぇ」と、毎年おなじみの審査員メンバー石原良純さんが「うみぽす」実行委員長の田久保雅己に話しています。

大きな審査会場に並べられた机の上に置かれたポスターの入賞作品を、一点一点、丁寧に見ながら、審査員の皆さんが、与えられた点数表を片手に審査をしています。

この日集まった審査員はいつもの石原良純さん、中村征夫さん、今回から新たに加わったパントビスコさん（インスタグラムのフォロワーが60万人を超えるマルチクリエーター）、協賛企業のビックカメラからは堀越雄さん（執行役員）、野村憲広さん（カメラ事業部）、日本郵便の玉木明さん（切手デザイナー）、そして実行委員長の田久保雅己。別の時間に審査した別所哲也さん（俳優）、矢ケ崎紀子さん（東京女子大学教授）。詳しいプロフィールは本誌8〜9頁を参照してください。

今回のコンテストのテーマは「この海に来て」「海を守りたい」「おいしい海」の三つ。この中から好きなテーマを選んで応募作が制作されていることが前提となります。

あらかじめ選出された入賞作品は、ポスター部門一般の部80作品、同こどもの部20作品、絵てがみ部門一般の部20作品、同こどもの部20作品、動くポスター（動画）部門20作品。今年は日本郵便の協賛により、絵てがみ部門が加わったため総数160作品の中から特別賞が選出されることになります。

2019年は全世界的に海ゴミ問題が大きくクローズアップされており、国連サミットで採択されたSDGs(Sustainable Development Goals(持続可能な開発目標))の17の目標のうち、「海の豊かさを守ろう」というテーマを意識した作品も多く見受けられました。

海洋プラスチック問題や地球温暖化問題も含めて、来年は世界へ向けて「海を守りたい」をテーマとする画期的な作品が応募されることを期待したいところです。

比較的「この海に来て」をテーマにした作品群が多かったのですが、「おいしい海」に関しても全国各地の海の幸は数多くあり、さらなる画期的な作品が生まれることでしょう。

また、今年から新設された絵てがみ部門は「絵のある手紙」という条件が微妙なため、ポスター部門との区分けが難しいとの印象が残りました。しかしながら、日本郵便の審査員の方のアドバイスのおかげで、絵てがみに相応しい作品が優秀作として選出されました。

最後に、動くポスター（動画）部門の作品を会場に設置されたテレビモニターで一点ずつ、真剣に視聴して、各審査員から提出された点数を集計し、協議の上、各賞を決定して審査会は無事終了しました。

会場に集まった審査員、左から野村さん、堀越さん、玉木さん、田久保、パントビスコさん、石原さん、中村さん

入賞者とそのご家族やお仲間約80人が参加し大いに盛り上がった表彰式

「うみぽす2019」表彰式
応募3,914点（過去最高）から入賞160作品を展示！

（上）ポスター部門一般の部グランプリを受賞し、石原審査員より表彰される里山剛史さん

（左）ポスター部門こどもの部グランプリは矢川依智子さん

　海のPRコンテスト「うみぽす2019」の表彰式が、11月24日（日）に、東京都港区の日本財団ビルで開催されました。「うみぽす」は、海洋連盟主催、日本財団と舵社が共催する「海と日本PROJECT」の一環となるイベントで、日本郵便、ビックカメラの協賛、国土交通省、文部科学省、環境省、観光庁の後援を得ています。

　地元の海に人を集めることを目的とした全員参加型の地方創生プロジェクトとして5年前にスタートした「うみぽす」。今回のテーマは「この海に来て」「海を守りたい」「おいしい海」の三つです。日本全国の海や海の周辺地域に関わる景色・人・色など全てを題材に、選んだテーマに沿った作品を、プロ・アマはもちろん老若男女を問わず、個人でも法人でもOKと広く募集しました。

　インターネットを通じた告知や、全国27カ所でワークショップを展開するなどした結果、集まった作品数は3,914点。昨年を500点

動くポスター(動画)部門グランプリの松岡カレンジョイさんとプレゼンターの中村征夫さん

新設の絵てがみ部門一般の部グランプリの長島勝治さんは、プレゼンターのパントビスコさんと

近く上回る過去最多の数で、この5年間では延べ13,000点を超える作品が寄せられたことになります。

これらの中から厳正な審査の結果、各部門から160作品を入賞作として選出。さらに最終審査により、特別賞受賞作が決まりました。

表彰式の会場は日本財団ビル。その1Fでは同時期に入賞作品の展示が行われました。2時から行われた式典には審査員の石原良純さん(俳優・気象予報士)、中村征夫さん(写真家)、パントビスコさん(マルチクリエイター)、田久保雅己(うみぽす2019実行委員長)らが列席。入賞者とそのご家族やお仲間約80人が参加した、にぎやかな表彰式となりました。

開会の挨拶、審査員の紹介が終わると各賞受賞者の表彰です。まずは各部門ごとのグランプリと準グランプリ受賞者がステージに招かれ、審査員から表彰されたのち、それぞれ作品の狙いや苦労した点などについてコメントしていきます。

毎回、注目を集めるポスター部門一般の部グランプリに輝いたのは、鹿児島県与論島にお住まいの里山剛史さんの作品です。美しい浜辺から出航しようとするハーレー船。乗っているのは顔を白く塗っておどけた人たち。全国から子どもが参加する与論島の探検学校というイベントで、宿の人々が子どもたちを喜ばせようとしている様子なのだとか。偶然居合わせて携帯電話で撮ったという里山さんのコメントに、周囲からは驚きの声も上がりました。

表彰式を終えると懇親会。受賞者・入賞者は、審査員および主催者サイドも交えて用意された食事をとりながら、大いに交流を図り、盛会のうちに式典は幕を閉じたのでした。

海のPRコンテスト「うみぽす2019」
特別賞受賞者一覧

ポスター部門

一般の部 グランプリ	里山 剛史さん	場所:鹿児島県(与論島 ウドノスビーチ)
一般の部 準グランプリ	近藤 智子(宗像大島地域おこし協力隊)×しまカフェさん	場所:福岡県(宗像 大島)
こどもの部 グランプリ	矢川 依智子さん	場所:北海道(石狩)
こどもの部 準グランプリ	日野原 卯乃さん	場所:兵庫県(神戸港)

絵てがみ部門

一般の部 グランプリ	長島 勝治さん	場所:静岡県(駿河湾)
一般の部 準グランプリ	伊藤 由美子さん	場所:岩手県(盛岡)
こどもの部 グランプリ	杉原 五思さん	場所:静岡県(伊豆)
こどもの部 準グランプリ	宮本 紘太朗さん	場所:青森県(蓬田 玉松海岸)

動くポスター(動画)部門

グランプリ	松岡 カレンジョイさん	場所:香川県(志度湾)
準グランプリ	向 一博さん	場所:佐賀県(唐津)

海と日本PROJECT賞

ポスター賞	宮内 加奈恵さん	場所:静岡県(下田)
	しむら あすかさん	場所:山梨県(山梨)
絵てがみ賞	瀬川 航さん	場所:東京都(小笠原)
動くポスター(動画)賞	名和 寛太さん	場所:千葉県(富津)

サスティナブル奨励賞

SDGs14海の豊かさを守ろう賞	池田 龍介さん	場所:鹿児島県(与論島)
うみめし賞	坂本 真保さん	場所:愛媛県(瀬戸)

審査員特別賞

日本郵便賞	和田 寛太郎さん	場所:福岡県(福岡)
ビックカメラ賞	久納 亜衣さん	場所:神奈川県(三浦海岸)
石原 良純 賞	新井 弓子さん	場所:香川県(直島)
別所 哲也 賞	星名 紡伎さん	場所:新潟県(新潟)
パントビスコ 賞	原嶋 翼さん	場所:神奈川県(三浦海岸)
中村 征夫 賞	柘植 雅一さん	場所:愛知県(知多半島 山海海水浴場)
矢ケ崎 紀子 賞	牧原 玲奈さん	場所:長崎県(佐世保 展海峰)
田久保 雅己 賞	山崎 秀志さん	場所:富山県(氷見海岸)

うみぽす2019
特別賞
受賞作品

舵よりも
笑いがとりたい
与論人

やるなら
言ってくれよ・・・

#ヨロン島　#ウドノスビーチ

鹿児島県(与論島　ウドノスビーチ)

ポスター部門 一般の部 グランプリ

里山 剛史
Satoyama Tsuyoshi

（一般社団法人 ヨロン島観光協会）

私の海 ☆ 鹿児島県

［制作者のコメント］　これは、与論島で毎年行われている「ちびっこ探検学校」というイベントでの一コマです。もっと子どもたちに喜んでも
らおうと、サプライズでスタッフが白塗り顔をしたのですが、船を押すオジサンだけが知らされておらず、寂しそうな表
情に。船の上のノリノリの様子との対比が面白く、思わずスマホで撮影しました。もともと、「うみぽす」用に撮った写真
ではなく与論でのワークショップの時にたまたま使ったので、正直グランプリには驚いています。与論島には60か所も
のキレイなビーチがあり、どこに行っても楽しめます。このポスターを見た方に、与論島の海の美しさと、人を喜ばせる
ことや楽しいことが大好きな、与論人の魅力が伝わるとうれしいですね。

［審査員のコメント］　与論島の美しい海を背景に、意表を突く顔を白く塗った若者たち。そして琉球列島で古くから使われている漁船サバ
ニの船体の赤のイメージと、キャッチフレーズの「笑い」の赤文字が、背景となるエメラルドグリーンの海に強烈なメリ
ハリを与えています。偶然撮影されたようですが、画面全体の構図の素晴らしさ、それでいて思わずニヤリとしてしま
うユーモアに人間らしさを感じる、清々しい作品です。

海へと続く
竹灯りは
島民の想いと
人と人とをつなぐ

宗像大島 七夕まつり

福岡県（宗像 大島）

近藤 智子（宗像大島地域おこし協力隊）× しまカフェ

Kondo Tomoko / Shima Café

私の海 ☆ 福岡県

[制作者のコメント]　私は地域おこし協力隊として島のPR活動をしているのですが、知人から「うみぽす」について聞き、同じく大島を盛り上げるイベント活動をしている「しまカフェ」の皆さんを誘って一緒に応募しました。七夕伝説発祥の地といわれる大島では、「牽牛（彦星）」と「織女（織姫）」を祭った神社があり、その間を「天の川」が流れています。ポスターでは、鎌倉時代から続く「七夕祭り」の様子とともに、空に流れるもう一つの「天の川」を、一つ一つ色も形も違う「祈り星」で表現しました。この受賞をきっかけに、宗像市や大島のこと、ずっと受け継がれる思いと伝統を守りながら活動する若い人たちがいることを、知っていただけたらいいなと思います。

[審査員のコメント]　宗像大島の「祈り星」と呼ばれる色とりどりのパワーストーンが、天の川のように画面の上に散りばめられています。画面の下には宗像大社中津宮で開催されている七夕まつりの夜景と、その向こうに海。キャッチフレーズは「海へと続く竹灯り・・・」。壮大な宇宙と大地と海と、人とのかかわりが、静かな画面の中からじんわりと伝わってきます。グランプリ作品と僅差の秀作です。

北海道 (石狩)

ポスター部門 こどもの部 グランプリ

矢川 依智子
Yagawa Ichiko

（札幌市立日新小学校）

私の海 ☆ 北海道

［制作者のコメント］　工作や絵の習い事に通っています。ふだんから、絵を描いたりするのが大好きです。このポスターは、太陽はクレヨン
で、カニの目はペンで描きました。他は、色紙を切って作りました。ハサミで、海の波や、カニの手の形を切るのは大変
だったけれど、切ったりするのは楽しいから、こういう作品にしました。本物みたいに大きくしようと思い、カニをこの大
きさにしました。カニは、最初、水族館で見て好きになりました。形や動きなども好きだし、食べるのも好きです。「興味
を持ち始めてから、街中のお店に並ぶタラバガニなどにも目を向けるようになりました」（保護者談）。とにかくカニが大
好き。カニは、お魚よりも好きです。

［審査員のコメント］　中央にドーンと大きなカニが描かれている構図が、見る人の目に留まります。しかも、とても存在感があるのは、色を
塗った紙を切り貼りしているからでしょうか。石狩湾という雄大な海と、そこに降り注ぐ太陽の光という壮大さも表現
されています。「カニが好き」という純粋な心を素直に描いている、大胆でいながら、どこか可愛らしい作品です。

兵庫県（神戸港）

ポスター部門 こどもの部 準グランプリ

日野原 卯乃
Hinohara Uno

私の海 ☆ 兵庫県

[制作者のコメント]　私のだいすきな神戸のうみをかきました。神戸のみなとは私のおうちのちかくにあるので、お母さんといっしょによく散歩をします。夜はイルミネーションが光って、いつもキラキラ、ぴかぴか、とってもキレイです。夜のうみの中はまっ暗で、なにも見えないけれど、明るくてきれいにかがやくたくさんの光をみて、お魚さんたちもきっとパーティーをしているんじゃないかな?って考えて、いろいろなかたちのさかなやクラゲ、カニなど、たくさんの生きものが楽しそうに泳いでいるようすをかきました。いつもはクレヨンでかきますが、この絵はお母さんにかってもらったスクラッチペーパーという黒い紙にペンをつかってけずるようにかいたら、私が思ったとおりの、ほうせきみたいにキラキラ光る夜のうみの絵がかけました。

[審査員のコメント]　画面いっぱいにキラキラして、ピカピカしている雰囲気が漂っています。ただ単に黒字に白いペンで描いたのではなく、さまざまな色をグラデーションの虹のように彩り豊かに描いているため、きらめきが増幅されて、見る人の心をほのぼのとした幸福感で包んでくれます。よく見ると「こうべのうみはほうせき」という文字にまで、レインボーカラーが施されており、全体的にファンタジックな作品に仕上がっています。

静岡県（駿河湾）

絵てがみ部門 一般の部 グランプリ

長島 勝治
Nagashima Katsuji

私の海 ☆ 静岡県

［制作者のコメント］　初めて「うみぽす」に応募しました。澄んだ海、富士山が見える海、海の幸…。駿河湾には魅力がたくさんあるのですが、はがきという小さなキャンパスの中で表現するのは大変でした。特にバランスが難しかった。しかし、最初は縦長で作っていたものを最終的に横長にすることで、うまくコピーを入れることができました。坊主頭はオリジナルキャラクターで、厳しい海に出ていく漁師さんをイメージしました。そして、線の強弱など面白い味を出したいと、筆ではなく公園で拾った枝で描いてみました。駿河湾は、本当に素晴らしいところです。いつまでもこのキレイなままでいてほしいと願うと同時に、ぜひ皆さんにも駿河湾の魅力を感じてほしいと思います。

［審査員のコメント］　今年から新設された絵てがみ部門です。ポスターは不特定多数の人に訴えかけるものですが、手紙は1対1のコミュニケーションです。ですから、アプローチの仕方もおのずと変わってきます。この作品を見ると、気持ちが楽しく、そして穏やかになってきます。書き手の人柄がきっとダイレクトに伝わってくるんですね。網の中に描かれた生き生きとした魚やカニ、その背景に描かれた富士山とお日様。もしこの絵てがみを実際にもらったら、「ぜひ行きたい！」と思うに違いありません。（日本郵便　玉木明）

岩手牛乳びん入生うに

ごくっと 一本

ゆ

岩手県(盛岡)

026

絵てがみ部門 一般の部 準グランプリ

伊藤 由美子
Ito Yumiko

私の海 ☆ 岩手県

[制作者のコメント] 受賞の知らせを聞いたときは驚きましたが、うれしかったです。昔から絵を描くのは大好きだったのですが、絵てがみは今回が初挑戦でした。この作品で描いた岩手産のウニはとにかく新鮮。牛乳びんに入っているのですが、ひと粒ひと粒存在感があって、しっかり重なり合っている。その「重なり感」を一番に表現したかったんです。牛乳びんに入っているのも珍しく、飲めそうだなと思って「ごくっと一本」という言葉を添えました。実際には飲みませんでしたけれど(笑)。震災では岩手のウニも被害を受けましたから、復興への思いも込めました。岩手に遊びに行った際はぜひ、本物の「牛乳びんに入ったウニ」を見に行ってもらいたいですね。

[審査員のコメント] 岩手県では、牛乳びんに入った生うにが売られているのですね。まずそのことにビックリしました。おそらくは、伊藤さんは私のように、牛乳びん入り生うにのことを知らない人が驚くのを知っているのでしょう。はがきの向こうでクスリと笑う、伊藤さんのいたずらっぽい顔が浮かんできます。(日本郵便 玉木明)

静岡県（伊豆）

絵てがみ部門 こどもの部 グランプリ
杉原 五思
Sugihara Itsumo

私の海 ★ 静岡県

[制作者のコメント]　旅行先で食べたキンメダイがとてもおいしかったので、この絵を描きました。伊豆などの島へ、毎年、家族で旅行します。キンメダイは、旅先の民宿で食べたお味噌汁の中に入っていました。もともと魚が大好きです。サバも、形が好きで絵に描いたりします。他には、車や機械類などの絵も描きます。魚も含めて、だいたい想像で描いています。この絵のキンメダイも、何か見本や写真などを見たわけではありません。お味噌汁には、全身ではなく、身だけ切って入っていたので、他は想像で描きました。このキンメダイは、生き生きしている印象が強かったので、『宝』という文字も絵に入れました。

[審査員のコメント]　杉原さんは、キンメダイが大好きなんですね。画面には「伊豆の宝」と小さく「キンメ」としか書かれていませんが、「伊豆のキンメは本当においしいよ！ まるで宝物なんだ。食べにおいでよ。」というメッセージが聞こえてきそうです。でも、長々と書かなくても生き生きと描かれたキンメで、杉原さんの思いは十分に伝わってきます。（日本郵便 玉木明）

青森県（蓬田 玉松海岸）

絵てがみ部門 こどもの部 準グランプリ

宮本 紘太朗
Miyamoto Kotaro

（青森市立浜田小学校）

私の海 ☆ 青森県

［制作者のコメント］　夏休みに家族と出かけた、青森の玉松海岸でひろった貝がらの絵を描きました。ほんとうはお母さんが見つけた貝なのですが、ぼくが絵を描くのが好きで、これまでもいくつか賞をもらっているので、この宝石みたいにきれいな貝も描いてほしいと言われて描きました。いつもはアタマの中でイメージしたものを自由に描くことが多いのですが、今回は目の前の貝をしっかり見ながら写生しました。貝のきれいな模様やいろいろな色を本物そっくりに描くのが、とても難しかったです。海の色も、青や水色、エメラルド色、黄緑といろいろな色が混ざり合い、透明感もあってとてもきれいだったので、そんな感じが少しでも出るように、海と砂浜は水彩絵の具を、貝やその他の部分はクレヨンやサインペンも使って描きました。

［審査員のコメント］　二枚貝が大きくひとつ、巻貝がふたつ、丸っこいものと細長いものが描かれています。宮本さんはそんな貝殻の形の美しさに魅了されているのでしょう。形の違いだけでなく、模様や色にも興味があるのがうかがえます。宮本さんは貝殻をコレクションしているのでしょうか？ これからもたくさんの貝を見つけてくださいね。（日本郵便 玉木明）

降りたい海、居りたい海

塩屋駅と原駅の間

香川県（志度湾）
海と日本PROJECT 香川エリア賞

動くポスター（動画）部門 グランプリ

松岡 カレンジョイ
Matsuoka Karenjoy

（専門学校千葉デザイナー学院）

私の海 ☆ 香川県

［制作者のコメント］　学校であった「うみぽす」ワークショップで「一人何点でも応募OK」と聞き、全部門に応募しました。夏休みはかなり頑張ったので、今回の受賞は本当にうれしいです。受賞作品は夏休みに帰省したときに撮影したものです。高校時代、「香川を活性化させよう」という授業で琴平電鉄をテーマにしたのですが、電車から見える海に癒されたとても楽しい授業で、ずっと印象に残っていたこともあり、「うみぽす」では絶対あの景色を題材にしたいと思ったのです。都会に比べ電車の本数が少なく、撮影自体は一発撮り！ 大変でしたが、電車から見る海というアイデアも出来上がりも自分なりに気に入っています。ゆったり流れる時間と海の風景にぜひ癒されてください。

［審査員のコメント］　最初に、閉まっている車窓の日よけサッシを開けた瞬間、砂浜と志度湾に広がる海が目の前に現れる。ムービーならではの展開に、思わず引き込まれていきます。流れる景色を見ていると、聞こえるのは車両の軋む音、そこに「海が合わさり、安らぐ。」とキャッチコピー。続いて「降りたい海、居たい海」。わずか20秒の中に、美しい海を車窓から眺める心地よさを感じさせてくれるドキュメンタリー映画を見ているようで、いつかはこの浜辺に降り立ち、いつまでもこの海を眺めていたくなるような、旅情あふれる名作です。

唐津の海へようこそ

なんだか癒される音が
唐津にはあるんだ

大好きです

佐賀県（唐津）
海と日本PROJECT佐賀エリア賞

動くポスター（動画）部門 準グランプリ

向 一博
Mukai Kazuhiro

私の海 ★ 佐賀県

［制作者のコメント］ "残念賞でもいいから、何かもらえるかなー"と思っていましたので、「ウソやろ～？」と仕事中に思わず叫んでしまいました。いやあ、ほんとにうれしい！ 作品の内容は〈姉との絆〉がテーマでもあるので、亡くなった姉もきっと喜んでいるだろうと思います。応募のきっかけは、よく行く郵便局で可愛い女の子の載ったチラシが目に入り、それが「うみぽす」だったのです。"応募したらこの子と会えんじゃね？"という勘違いもあり、また"海は大好きじゃから"という思いもあって……。思い切って、BGMの作曲、録音、録画、編集まで時間をかけ努力しました。5年ほど前からニコニコ動画とYouTubeに音楽演奏動画を載せ続けていたのが役に立ちました。撮影場所は唐津の人しか知らない秘所で、釣りの絶好のポイントでもあります。釣り好きの方は是非！ 私にとって海は「優しさと厳しさを併せ持つ父的存在」です。この度は本当にありがとうございました。

［審査員のコメント］ 4年前に亡くしたお姉さんへの想いと、唐津の海への思いを「音」というキーワードでつないでいます。全編を通してベースに波の音が流れ、素朴な詩と、ピアノとトランペットが奏でるオリジナル曲はどこかもの悲しく、哀愁を感じさせてくれます。岩場に立つ主人公のシャツが風に揺れている映像は、爽やかな潮風を受けていて唐津の海を想起します。作曲から録音、撮影、編集まですべて一人で制作したとのこと、その豊かな才能にも敬意を表します。

夏は**海だら**

下田

静岡県（下田）
海と日本PROJECT 静岡エリア賞

海と日本PROJECT賞
ポスター部門

宮内 加奈恵
Miyauchi Kanae

（東京女子大学）

私の海 ☆ 静岡県

［制作者のコメント］　このポスターに使った写真は、20年前のものです。紙焼きで、かなり大きく引きのばしてある写真です。ポスター制作にあたり、母と一緒に、アルバムの中からこれを選びました。写っているのは私の姉で、撮ったのは伯父です。伯父は写真を撮るのが好きで、家族の節目の記念撮影などもしてくれます。そして、良いものは大きく引きのばします。この写真も当時、「これ以上にない笑顔」と感じたから引きのばしたのではないでしょうか。『海だら』の『だら』は、静岡の方言。『海でしょ』という意味で、田舎っぽさ、地元っぽさを表現したかった。受賞を報告したら、姉は、「もうちょっと可愛いの選んでよ」と照れていました（笑）。

［審査員のコメント］　子供が大きく写っている構図がいいですね。海と日本PROJECTは子供向けのイベントを多く開催していることからも、ぴったりだと思いました。（日本財団）

山梨県（山梨）
海と日本PROJECT 山梨エリア賞

海と日本PROJECT賞

ポスター部門

しむら あすか
Shimura Asuka

私の海 ★ 山梨県

[制作者のコメント]　私の住む山梨県には海がありません。だから海への憧れがとても大きく、私たち家族は年に一度かならず海に出かけます。一日中浮き輪を使ってぷかりぷかり浮いて、のんびりと過ごすことが多いです。海といえばお寿司も好きです。とくにマグロが大好きです。そんな私が「山梨にうみがあったらなあ」と想像して描いたのがこの海です。海にはどんな生き物が住んでいるのか、お兄ちゃんと相談しながら楽しく描きました。でも、海の色を塗るときがとても難しかったです。なぜかというと海には青色の生き物が多いでしょ？ クラゲも透明だし…。海を青くぬっていくと、せっかく描いた生き物の色や形がわからなくなっちゃいそうになるからです。いちばん見て欲しいところは、うねる波。私のいちばんのお気に入りです。

[審査員のコメント]　海がない山梨県に、海があったらいいなという発想が面白いですね。この想像力をもっと伸ばしていって欲しいと思います。（日本財団）

東京都（小笠原）
海と日本PROJECT 東京エリア賞

海と日本PROJECT賞
絵てがみ部門

瀬川 航
Segawa Ko

私の海 ★ 東京都

[制作者のコメント]　友だちと海の絵を描くことになって、大好きなクジラを描きました。本当はまだ本物を見たことがないのですが、東京では小笠原で見られると聞いて、海の場所は小笠原にしました。以前「うみぽす」で入賞したことのある友だちのお母さんが、「今年から始まった絵てがみ部門はまだ応募が少ないから受賞しやすいかも」と教えてくれたので、ポスターではなく絵てがみに応募することにしました。楽しそうなクジラを想像して、クジラの色は明るい青にして全体的にかわいい感じになったと思っています。でも賞を取れたのにはびっくりしました。本当にうれしい気持ちで、家族みんなで喜んでいます。いつか本物のクジラを見に、小笠原に行ってみたいです。

[審査員のコメント]　クジラが大きく描かれたインパクトのある作品、ひとめで気に入りました。とてもかわいらしいです。（日本財団）

千葉県（富津）
海と日本PROJECT千葉エリア賞

海と日本PROJECT賞
動くポスター（動画）部門

名和 寛太
Nawa Kanta

（中央学院大学）

私の海 ★ 千葉県

[制作者のコメント]　この度は僕の作品を選んでいただき、ありがとうございます。まさか、こんなくだらないダジャレが選ばれるとは、制作当時の僕には想像もつきませんでした（笑）。でも正直"いかにくだらないダジャレを画に当てはめようか"と苦労したのです——（作品には、富津の素晴らしい海景色の上に、《え? これが変わった景色だって? ……富津ぅだろう》と、シャレが書き込まれている）——応募のきっかけは、大学のゼミでの紹介でした。僕は大学の吹奏楽団に所属しているのですが、先輩から存在は聞いていました。神宿さんたちの歌う「うみぽす」のテーマソングも演奏したことがあり、親近感がありとてもうれしい。富津は東京湾岸にもかかわらず、穏やかな光景があります。この作品は、ただ通過する一艘の舟と、ダジャレのミスマッチさがお気に入りです。東京湾には海洋資源がたくさん眠っています。どうかいつまでもこの光景が"富津ぅ"でありますように。

[審査員のコメント]　こういうユーモアのセンスを「うみぽす」では歓迎しています。むずかしく考えずに、みなさんも楽しんで作って欲しいと思います。（日本財団）

鹿児島県（与論島）
海と日本PROJECT 鹿児島エリア賞

サスティナブル奨励賞
SDGs14 海の豊かさを守ろう賞
池田 龍介
Ikeda Ryosuke

私の海 ☆ 鹿児島県

[制作者のコメント]　昨年、日本財団主催のポスター作りワークショップに参加して「うみぽす」を知りました。地元・与論島の海が単に「キレイ」というだけではなく、島民も観光客も一緒にこれを守ろうとしていることをPRしたい、そうした動きを他の地域にも広げていきたいと思い、動画制作未経験のまま応募しました。自分はプライベートだけでなく海のガイドもしますが、そんなときの海は感動や元気を与えてくれます。海はわれわれが住まわせてもらっている地球そのものだと思っています。だからこそ畏れもあります。人は「日本海」「東海」「太平洋」などといろんな呼び方をするけれど、地球に海はひとつしかないし、みなつながっています。海のゴミを拾うことはその海への感謝（謝ること）、自分たち人間の責任なのかな……そう感じています。観光地は人が来るほど汚れるが、海ゴミに関しては、「人が来るほどキレイになる砂浜」であることを目指していきたいです。

[審査員のコメント]　この作品を見た時に、無意識に「ゴミは捨てるモノ」という意識が自分たちの中にあることに気づかされました。美しい海と海辺を残すため、ぜひ与論島（よろんじま）発の『ごみ拾い箱』の設置が全国に広まって欲しいと思います。

＜SDGsとは＞
「Sustainable Development Goals（持続可能な開発目標）」の略称で、持続可能な世界を作るために、国連サミットで2030年までに世界中で協力して達成しようと定めた17の目標のことです。詳しくは外務省の「SDGsとは」をご覧ください。

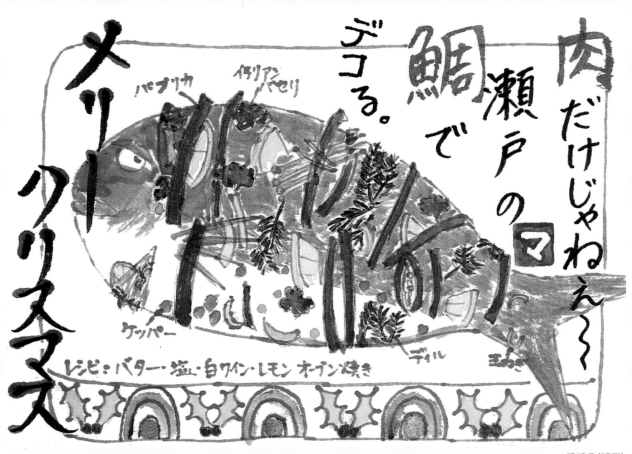

愛媛県（瀬戸）
海と日本 PROJECT 愛媛エリア賞

サスティナブル奨励賞
うみめし賞
坂本 真保
Sakamoto Maho

私の海 ★ 愛媛県

［制作者のコメント］　オーストラリアの友人からクリスマスパーティーに招かれ、本場のクリスマスってどんな雰囲気なんだろう、と期待に胸を膨らませていました。ところが当日の3日前に、彼らがベジタリアンになったと知らされたんです。クリスマスといえば肉料理しか思い浮かばなかった私は不安に思っていたのですが、なんと鯛をデコレーションしたとても素敵な料理を出してくれました。まさに目からウロコ。その驚きと感動が伝わりますか? 釣りが趣味で、鯛をよく釣る瀬戸内に住む父にその話を伝えたところ、魚を食べる習慣のある日本だったら、なおさらそういう魚を使ったクリスマス料理があってもよいはずなのに…と感心していました。そんな印象に残った出来事を伝える絵てがみ。今回作り方を調べるところからの挑戦でした。

［審査員のコメント］　今年から設置されたうみめし賞は、シズル感のある写真を使った作品も多い中、やさしいタッチのイラストによる絵てがみ作品から生まれました。瀬戸の鯛とオーストラリアのコラボによって生まれた、このうみめしをぜひ伊予に行って食べてみたいと思わせてくれた作品です。

ヤッホー　　　　くじらさん

福岡県（福岡）

審査員特別賞
日本郵便賞
和田 寛太郎
Wada Kantaro

（牟田アトリエ）

私の海 ☆ 福岡県

［制作者のコメント］　いつも絵の教室で、弟やお友だちといろんな絵を描きます。このクジラは、図鑑を見ながらぜんぶ自分で描きました。クジラさんの白い点々は一生懸命描いたので、見てほしいです。絵の教室で応募してもらったので、ママはこの絵を見たことがありませんでした。だから、賞を取ったという連絡が来たときは本当にビックリしていました。前は、絵を描くときは「ママ、やってー」って手伝ってもらうこともたくさんあったけれど、この絵は全部僕一人で考えて描いたので、そのこともすごく喜んでくれました。とてもうれしかったです。クジラさんにはまだ会ったことがないけれど、もし会えたら、この絵みたいに「ヤッホー!」と言ってみたいです。

［審査員のコメント］　この作品の大胆な表現に驚きました。画面の中央に大きなクジラ。海に浮かぶ島のようにも見えますが、それだけクジラが大きくて迫力があったのでしょう。そのクジラが思い切り潮を噴き上げています。「ヤッホー」「くじらさん」も、まるでクジラが噴き上げたように潮の左右に配されていて、絵と文字が一体化しているのもオシャレです。（日本郵便 玉木明）

宝探ししょ！

都心から行きやすい海
三浦海岸

神奈川県（三浦海岸）

審査員特別賞
ビックカメラ賞
久納 亜衣
Hisano Ai

（株式会社ネットリソースマネジメント）

私の海 ★ 神奈川県

［制作者のコメント］　友達と、友達の子供と一緒に、海に行ったときに撮った写真です。ヒトデとか、何かいいものを探そうと遊んでいたので、『宝探ししよ!』という言葉を入れました。私が座っていたときに撮ったので、下からのアングル。また、友達は地元の友達で、彼女の子供も生まれたときから知っているので、良い表情が撮れたのではと思います。アングルや構図などは、大学が写真学科だったので、そうしたことが関係しているのかもしれません。学生の頃は、よくこうした賞などに応募していましたが、最近は全くしていませんでした。今回たまたま良い写真が撮れたので応募しました。受賞し、友達も、友達の子供も、ニコニコで喜んでくれました。

［審査員のコメント］　この度のテーマのひとつ「この海に来て」。ぴったりな作品がすぐ目に飛び込んで参りました! 誰もが子供の頃に海へ行って波と戯れ、貝殻や海の生き物を見つけてはしゃいだことがあると思います。じりじりと太陽が照りつく夏空の下、子供の歓声が聞こえてきます。海での楽しい想い出が昨日のことのように蘇ってきます。そんな楽しさや元気を感じさせてくれる1枚を選ばせていただきました。今度の夏、家族で海に行きたくなる作品だと思います。（ビックカメラ）

あなたに会えてよかった。

直島

香川県（直島）

審査員特別賞

石原 良純 賞

新井 弓子
Arai Yumiko

私の海 ★ 香川県

[制作者のコメント]　娘は来年小学校に入学。卒園前の夏休みに家族旅行に出かけました。それは東京から九州まで、青春18キップを使って、家族が行きたいところに立ち寄るちょっと大がかりな旅。あらかじめいくつか目星をつけて立ち寄ることにした、その一か所がこの香川県の直島だったんです。そこで主人が撮った写真がとても素敵だったので、この写真を使って、「うみぽす」に応募しようと思いました。以前から自分の行きたかった場所に、大好きな家族と来られた喜び。そして、この長旅にしっかりとついてこられた娘の成長に感動した私たち親の気持ちを作品にしました。だからキャッチフレーズもすぐに決まりました。来年からは、昔やっていたサーフィンを娘と一緒にまた始められたらと思っています。

[審査員のコメント]　旅の途中に偶然、出会った島の景色。小さな子供は、お母さんの笑顔と共にこの景色を一生忘れないでしょう。島を渡って来る潮風。漁船のディーゼルエンジンの燃料の臭い。夏の陽に照らされ額ににじんだ汗。その一つひとつが子供にとって最高の思い出に違いありません。そしてその子供が親となった時、今度は自分の子供を連れてこの海に戻って来るでしょう。明るい未来を予感させる夏の日の一コマに、賞を贈りました。（石原良純）

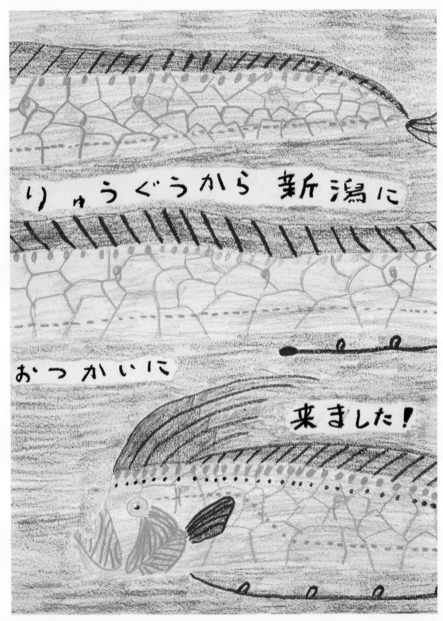

新潟県（新潟）

審査員特別賞
別所 哲也 賞
星名 紡伎
Hoshina Tsumugi
（新潟市立結小学校4年）

私の海 ☆ 新潟県

[制作者のコメント]　海はお父さんによく連れて行ってもらいます。おもしろい魚がたくさん釣れるし、家族と一緒だと楽しいので、新潟の海は大好きです。先日水族館で、佐渡の海でつかまえられたリュウグウノツカイのはく製を見ました。そのとても長くて不思議な姿に驚き、よく見ると顔もとてもおもしろかったので絵に描きたくなりました。家に帰ってから、さっそく細かいところを図鑑で調べたり、龍宮から新潟までどんな使いにきたのかな？ なんて考えたりしながら夢中になって描いていると、体があまりにも長いのでいつの間にか紙からはみ出ていました。でも両端を描かなくてもその長さが伝わることに気づいたので、そのまま描き続けました。リュウグウノツカイは、きっと私にこのすばらしい賞を届けるために来てくれたのだと思います。

[審査員のコメント]　表現を、一つの画面にどのように展開するか？ どうすることが効果的か？ 画面のその先を見る人に想像させるチカラ！ と躍動感！ これらがこの作品には存在します。竜宮からのお使いが届けるイマジネーションが、新潟、佐渡の海が持つモノガタリとなって、「訪れてみたいなあ」という気持ちを掻き立てました！ 人生も表現も、時にははみ出していく！ しかし、そこにはしっかりとしたレイアウト、バランスが存在していて、とても効果的なはみ出し方と切り取り方。とても刺激的でカラフルな作品です！（別所哲也）

神奈川県（三浦海岸）

審査員特別賞

パントビスコ 賞

原嶋 翼
Harashima Tsubasa

（国分寺市立第二小学校）

私の海 ☆ 神奈川県

[制作者のコメント]　パパとママと一緒に三浦海岸に行ったことがあったので、その時のことを思い出しながら描きました。「うみ」「すなはま」と書いたのは、ママが完成した絵を逆さまに見ていたからです。小学校1年生から習字を習っているので、字をわかりやすく書けたところが気に入っています。賞をとってビックリしたけれど、家族みんなが喜んでくれました。そして今日、表彰の時に審査員のパントビスコさんに「この作品をTシャツにしたい」と言われてまたビックリ。「うみぽす」の応募の前に、習字で「うみ」と書いたTシャツも作ってもらっていたからです。でも、この絵でもぜひ作ってみたいです。そして、夏になったら、またみんなで海に行ってみたいです。

[審査員のコメント]　シンプルかつ大胆かつシュールなレイアウトが目に留まり選ばせて頂きました。とてもかわいい作品です。二色のみで表現されたビーチが、真上からのアングルで描かれています。それはドローンのように高い位置からの視点なのか、はたまたご自身の背丈から見下ろした視点なのか、そしてこれはどこの海なのか…絵って情報が少ない方が逆に想像力がかき立てられますよね。この絵てがみが届いたらそんなことを考えてじっくり見入ってしまいそうです。（パントビスコ）

海、はじめまして。

山海海水浴場

愛知県（知多半島　山海海水浴場）
海と日本PROJECT愛知エリア賞

審査員特別賞

中村 征夫 賞

柘植 雅一
Tsuge Masakazu

私の海 ★ 愛知県

[制作者のコメント]　受賞を知った時は「うれしい！」の一言です。家族でよく行く大好きな大きな海、それは知多半島の山海海水浴場ですが、この海を全国に発信しようと思ったのが応募のきっかけです。下の子を初めてこの海に連れてきたとき、「怖い、怖い」と言ってなかなか海の中までは入れません。その後、どうにか海へ入っては怖がったり喜んだり。そんな思い出とともに好きな海です。ポスター制作の勉強は特にしていませんが、そんな思いがうまく伝わるよう悩みながら、何度もやり直しやり直し作成しました。私にとって海とは、癒しの場所であり、戯れの場所であり、帰る場所でもあります。

[審査員のコメント]　山海海水浴場での一コマです。初めての海を前に不安にかられる子供。手足の表情から緊張している様がよく伝わります。お姉ちゃんが優しく手を差し伸べてくれるので、絶対に嫌というわけでもなさそうです。海を見つめる表情に、興味あるけどどうしようという、少しばかりの余裕さえも伺え、素晴らしい一瞬を的確に捉えたと思います。お姉ちゃんの顔が半分切れてしまったけど、その分、男の子の表情がクローズアップされました。コピー共々、可愛らしいうみぽすになりました。（中村征夫）

長崎県(佐世保　展海峰)

審査員特別賞

矢ヶ崎 紀子 賞

牧原 玲奈
Makihara Reina

私の海 ☆ 長崎県

[制作者のコメント]　九州に帰省したとき、大学の友人たちと長崎の佐世保を旅行しました。どこに行こうかネットで調べていると、"きれいな海"という評価がとても高かったので、この展海峰というところに行くことを決めました。私たちは海で実際に泳ぐわけではありませんが、海のある風景が好きですし、友達と楽しい時間を過ごすことができる旅行も大好きですから、旅行中はいつもスマホで動画を撮り続けています。「うみぽす」で動画作品を募集していることを知り、そのテーマが「ユーモアあふれる作品」ということだったので、自分たちを撮った動画でもいけるかもしれないと思いました。海の美しさはもちろん、旅の楽しさが少しでも多くの人に伝わって、実際に泳がない人や海に入れない人にも、海に行ってみたいと思ってもらえたらうれしいです。

[審査員のコメント]　溌剌として可愛い女性3人が、「はやく、はやく!」と、展望台への階段を駆け上がっていき、背後に、さっと、多島美の海が広がります。海に来られたうれしさと仲間と一緒の楽しさいっぱいの女性たちの動きと、静かにたたずむ海の美しさとの対比が、とても素敵です。彼女たちは、ちょっと上から目線で言います。「走り出したくなる海がある」「泳ぐだけが海じゃない」「海を上からのぞいてみよう!」。若い女性を海への旅に誘う、なんとも、ほんわかした読後感を評価致しました。(矢ケ崎紀子)

氷見海岸（富山県氷見市）

美しい海の人。

富山県（氷見海岸）

審査員特別賞

田久保 雅己 賞

山崎 秀志
Yamazaki Hideshi

私の海 ★ 富山県

[制作者のコメント]　受賞はとてもうれしかったとともに、また知らない町の海を見に行きたくなりました。以前から「うみぽす」のプロジェクトは知っていましたので、自分の心に深く残る海のシーンに出会えたら応募しようと考えていました。氷見海岸は「うみぽす」の題材を探して富山に行ったわけではありません。家族が探した宿泊先がたまたま海岸に近い場所にあり、そこで偶然出会えた情景が美しかったので題材としました。写真はまったくの素人なのですが、職業がグラフィックデザイナーなもので、ポスター制作という観点では、一連の流れを把握しているつもりです。私にとっての海とは「何かの発見の場所」です。

[審査員のコメント]　海で働く漁師さんは、日本の海の風景の定番です。ズームアップした漁師さんの日焼けした顔の皺などを強調する絵柄などもよくある構図で味わいのあるものですが、この作品は少し離れた位置から撮った、モノトーンのシルエットのような写真です。そして、一言「美しい海の人」。遠く水平線に浮かぶ船影も含めて、日本特有の海の情景を切り撮った、清らかな作品です。（田久保雅己）

小川 紘武
奥村 朋之
笹木 亜衣
中山 咲和菜
木村 玲瞳
林 愛莉
かとう ひかる
高田 徳幸
宮木 新
猪狩 葵
小林 怜央
外山 直行
ありさ
サイタマニア イシ★バシ
青木 大貴
イワサキ ヨウコ
笹木 風花
大畑 静佳
山田 梨央
砂利
西 愛梨
佐々木 春佳
kenta tsuzaki
坂東 栄里佳
山田 麻由
三好 保津+綾城 圭
関 隼杜
村田 伊芙希
かわっち
齋藤 文子
吉澤 綾乃
米村 かいと
加藤 信子
よぉこ
菅野 千聖
NGUYEN THI PHUONG LINH
中原 正昭
中原 未遥
栗林 卓矢
小木 歩
なにわの真人
山下 良治
関 美帆子
濱崎 宣子
谷許 日菜子
えぐっちゃん
牧原 玲奈

ちえり
森本 直樹
佐藤 由唯
なおなお
横塚 あかり
小松原 千裕
たなか ゆか
中島 嘉男
西村 綾乃
橋野 桃華
坂本 容子
福田 桃子
木嶋 なぎさ
端田 三奈未
児玉 有希
中野 重二
伊藤 真弓
沖島 重範
国料 悠生
箱山 康子
原田 理恵子
山内 あきの
大房 千紘
具志堅 ややこ
宮里 澪
ミヤギ ヨウ

ポスター部門
一般の部 入賞

北海道（函館）

小川 紘武（函館市立旭岡中学校）
Ogawa Hiromu

私の海 ☆ 北海道

［制作者のコメント］　たまたまイベント会場を通りかかって10分位で描いたので、入賞したと聞いて驚きました。あまり時間が無くてザツに
なってしまいましたが、アイデアが良かったのかなと思います。函館のイカは、本当に活きがいいです！

［審査員のコメント］　いやぁ、こんなに活きのいいイカは、ぜひ食べてみたいです。

北海道（函館港）

奥村 朋之
Okumura Tomoyuki

私の海 ☆ 北海道

［制作者のコメント］　箱館の歴史と時代考証に苦労、人物の服装、町並みの建造物、外国船、和船の錨泊等に苦戦。当時、蝦夷地箱館に
渡った私の先祖（ルーツ京都府）には、今も尊敬と感動を抱いています。

［審査員のコメント］　歴史を感じます。いにしえの函館に訪れてみたい。

北海道（オホーツク）

笹木 亜衣
Sasaki Ai

私の海 ☆ 北海道

［制作者のコメント］　海で遊ぶ楽しさを表現しました！ 皆が楽しく過ごせるキレイな海を、ずっと守っていきたいと思います。

［審査員のコメント］　楽しさが伝わってきます。見ている私もWピース。

北海道（函館）

中山 咲和菜 （函館工業高等専門学校）
Nakayama Sawana

私の海 ☆ 北海道

［制作者のコメント］　会場で書いたので文字がきれいに書けませんでした。次回、描く機会があれば丁寧に描こうと思います。

［審査員のコメント］　コンブ持つ君って・・・・あなたは誰？（笑）

ウミネコのトイレ

↓

@種差海岸
たねさし

青森県(八戸 種差海岸)

木村 玲瞳
Kimura Reimi

私の海 ☆ 青森県

[制作者のコメント]　ウミネコのフンがたくさん付いている岩です。ウミネコは「ニャアニャア」と猫のように鳴く鳥です。種差海岸ではウミネコと会えます。ウミネコのフンが付いたら運気が良くなると言われています。

[審査員のコメント]　ニャアニャア鳴いている声が聞こえてきそうです。

失恋は、この島で流そう。

悲恋の島、鯛島

青森 むつ市

青森県（むつ　鯛島）

林 愛莉
Hayashi Airi

私の海 ☆ 青森県

［制作者のコメント］　悲恋の歴史のある鯛島で、失恋を忘れて前向きになろうとしている様子を表現しました。

［審査員のコメント］　坂上田村麻呂の悲恋伝説のある島だとか。興味あります。

松の前で待つ。

復興のシンボル
岩井崎 龍の松

宮城県（気仙沼 岩井崎）
海と日本 PROJECT 宮城エリア賞

かとう ひかる
Kato Hikaru

私の海 ☆ 宮城県

［制作者のコメント］　陸前高田は「奇跡の一本松」が有名ですが、同じような震災遺構として気仙沼にも岩井崎の「龍の松」があります。「潮吹き岩」といっしょに、ぜひ見てください。

［審査員のコメント］　本当に龍に見えますね。潮吹き岩も気になります。

宮城県（気仙沼）

高田 徳幸
Takada Noriyuki

私の海 🌟 宮城県

[制作者のコメント] 　気仙沼の海は、震災後次々と海開きを再開しております。大島には橋が架かりました。今年には気仙沼湾を横断する
三陸沿岸自動車道の大橋も完成予定です。皆さん、また気仙沼の海においでよ！

[審査員のコメント] 　大漁旗みたいな大入袋。元気な気仙沼の海に行きたい！

この景色が、私たちの心を素直にさせる。

秋田　男鹿半島

「ごめん。」

「ううん、ごめんね。」

秋田県（男鹿半島）
海と日本PROJECT秋田エリア賞

宮木 新
Miyaki Hajime
私の海 ☆ 秋田県

[制作者のコメント]　ここから見える景色の前では、人の心も自然に澄んでいくように思いました。それぞれに悩みを持つ二人も、ここではきっと素直になれるはず。

[審査員のコメント]　なるほど。この風景ならきっと素直になれますね。

● REC

福島県
四倉海岸

この夏一番きれいな私を切り撮って

福島県（いわき　四倉海岸）
海と日本 PROJECT 福島エリア賞

猪狩 葵
Igari Aoi

私の海 ★ 福島県

［制作者のコメント］　撮影をした日がとても曇っていて、空の加工をするのに苦労しました。それと、彼の髪型がボサボサで、入賞したことを伝えると「もっと整えておけばよかった」と笑っていました！

［審査員のコメント］　ボサボサな髪が自然でいいですよ。

海を望む
水上の守り神

大洗町
磯浜町

茨城県(大洗町磯浜町)

小林 怜央 (東京情報クリエイター工学院専門学校)
Kobayashi Reo

私の海 ☆ 茨城県

[制作者のコメント]　キャッチコピーを考えるのに苦労しました。

[審査員のコメント]　インパクトのある風景です。私も海の安全を祈ります。

謎の遺跡感
半端ないって！

ひたちなか市
平磯海水浴場

茨城県(ひたちなか　平磯海水浴場)

外山 直行 (茨城県立那珂湊高等学校)
Toyama Naoyuki

私の海 ☆ 茨城県

[制作者のコメント]　那珂湊高校として初挑戦！生徒とともに授業の中で切磋琢磨しながら取り組みました。生徒を差し置いて教師の私の
　　　　　　　　　　受賞はちょっと恥ずかしいです。来年は生徒が受賞できるように力を入れていきたいです!!

[審査員のコメント]　砂からテトラポットが生えてるみたいで、珍百景ですね。

栃木県（宇都宮）
海と日本PROJECT 栃木エリア賞

ありさ（宇都宮メディア・アーツ専門学校）
Arisa

私の海 ☆ 栃木県

［制作者のコメント］　文字が思いつかなかったので、絵でサメを描きました。

［審査員のコメント］　いやもう、サメの絵がかわいい。

海なし県で海を学ぶ

埼玉県富士見市
水子貝塚公園

埼玉県（富士見　水子貝塚公園）
海と日本PROJECT埼玉エリア賞

サイタマニア イシ★バシ（埼玉専門のフリーライター）
Saitamania Ishibashi

私の海 ★ 埼玉県

［制作者のコメント］　「海なし県」なので海を題材にするのが難しかった。大昔は海で、海だったことが残っている場所があっても、被写体としては扱いにくかった。

［審査員のコメント］　埼玉に貝塚があるんですね。知らなかった。

私は熱い魚。

松戸の熱帯魚

千葉県（松戸）

青木 大貴（中央学院大学）
Aoki Daiki

私の海 ☆ 千葉県

［制作者のコメント］　彼らは情報統合思念体。全にして一、一にして全。彼らの意識は生まれては消え、消えては生まれる。毎日焼かれる
　　　　　　　　　　　鯛焼き君は身体が熱くてたまらない。海を目指して泳いでいく。

［審査員のコメント］　今日も焼かれてますね、甘くておいしい魚。

千葉県（銚子　犬吠埼）
海と日本 PROJECT 千葉エリア賞

イワサキ ヨウコ
Iwasaki Yoko

私の海 ☆ 千葉県

［制作者のコメント］　犬吠埼の灯台とその海の中のイラストです。海の中はきっとまだまだ知らない生き物がたくさんいると思い、想像して描きました。見た方に「海は楽しそうだなぁ」と思っていただけるとうれしいです。

［審査員のコメント］　かわいくて素敵な海のイラスト。犬吠埼、おしゃれです。

俺も彼女と来たかった。

友達とも1人でも楽しめます。

海ほたる

千葉県（木更津　海ほたる）

笹木 風花 （中央学院大学）
Sasaki Fuka

私の海 ☆ 千葉県

［制作者のコメント］　海ほたるという普段はたくさんの人でにぎわっている場所を、あえて人のいない夜を舞台としました。それにより、恋人
同士の仲の良さと一人ぼっちの哀愁漂う雰囲気を、より一層強調することができたと思います。

［審査員のコメント］　東京湾に浮かぶ海ほたる。夜はロマンチックですね。

東京都(お台場海浜公園)

大畑 静佳（専門学校日本デザイナー学院 夜間グラフィックデザイン科1年）
Ohata Shizuka

私の海 ☆ 東京都

［制作者のコメント］　お台場海浜公園で開催されたトライアスロン世界大会の会場で、さまざまな国の人が一緒に盛り上がっている景色に
　　　　　　　　　　感動して描きました。

［審査員のコメント］　泳いで、自転車乗って、走って。なるほど鉄人ですね。

大学4年の秋
卒業が悲しくって、夏が恋しくなって

夏に戻りたくなった

２４時間たつと
そこはまだ夏だった

東京都 小笠原村

東京都（小笠原）

山田 梨央 (キャンパスラボ)
Yamada Rio

私の海 ☆ 東京都

[制作者のコメント]　先輩の卒業旅行を使って作成しました。私自身大学４年になり、卒業が嫌でしょうがなくって…。「小笠原にいくと半袖で歩いたり、夏に戻れてうれしかった」と聞き、小笠原に行きたくなった気持ちを表現しました。

[審査員のコメント]　近くて遠い東京の島。行ってみたい。

神奈川県（茅ヶ崎　湘南）

砂利（北海道芸術高等学校 東京池袋サテライトキャンパス）
Jari

私の海 ☆ 神奈川県

［制作者のコメント］　中心のつないだ手の向こうに夕陽と烏帽子岩があること。

［審査員のコメント］　写真より湘南の雰囲気が出ているかもしれません。

膨らむ 期待

神奈川県 森戸海岸

神奈川県（森戸海岸）

西 愛梨（キャンパスラボ）
Nishi Airi

私の海 ☆ 神奈川県

[制作者のコメント]　海を目の前に必死に準備する友達を見て、海への楽しみな気持ちが伝わるなぁ、と思いました。浮き輪と海への想いが
　　　　　　　　　　膨らんだ瞬間です♪

[審査員のコメント]　わはははは。がんばって、もっと膨らませましょう。

海と空が
ここで繋がる。

あなたとわたしも
ここで繋がる。

城ヶ島　馬の背洞門

神奈川県（三浦　城ヶ島）
海と日本PROJECT 神奈川エリア賞

佐々木 春佳
Sasaki Haruka

私の海 ☆ 神奈川県

［制作者のコメント］　神奈川県の城ヶ島は一周できるほどの小さな島ですが、自然豊かな美しい島です。馬の背洞門とは真ん中がぽっかり
と抜けた大きな岩のことで、島の南に位置しています。波の浸食によってできたと言われ、神秘的です。

［審査員のコメント］　自然はときどき不思議なものを創りますね。

女も背中で語る時がある。

三浦半島　横堀海岸

神奈川県（三浦半島　横堀海岸）

kenta tsuzaki
kenta tsuzaki

私の海 ☆ 神奈川県

［制作者のコメント］　海で仕事をしている妻は、海上では私の師匠であり、ライフガードでもあります。いつもは華奢なその背中は、海で見ると何倍も大きく、たくましかった。

［審査員のコメント］　頼りがいのある背中です。

その美しさ
あなたの目で
たしかめて。

神奈川
江ノ島

神奈川県(江ノ島)

坂東 栄里佳（東京情報クリエイター工学院専門学校1年）
Bando Erika

私の海 ☆ 神奈川県

［制作者のコメント］　江ノ島に向かう江ノ電で、車窓から江ノ島の海が見えてきます。彼女の瞳に映る景色を想像して、見に行きたいと思わ
せるような構図にしました。手前のガラスに映るぼやけた海がポイントです。

［審査員のコメント］　江ノ電から見える海。ドラマのワンシーンみたい。

白いワンピースで
大人なふりして
子供心に戻る海

神奈川県 七里ヶ浜

神奈川県（鎌倉　七里ヶ浜）

山田 麻由（実践女子大学／キャンパスラボ）
Yamada Mayu

私の海 ☆ 神奈川県

[制作者のコメント]　　昨年、大学のミスコンテストに出場した際に撮影で撮っていただいた写真です。皆、撮影では大人っぽい表情などを見せ
　　　　　　　　　　　ていましたが、波打ち際で遊んでいる時との表情のギャップがおもしろいと思って、この作品を作成しました。

[審査員のコメント]　　海は誰もを童心に帰らせてくれますよね。

新潟県
笹川流れ

もうすぐバス来るよ

と君に嘘をついた

新潟県（村上　笹川流れ）

三好 保津＋綾城 圭
Miyoshi Hozu / Ayashiro Kei

私の海 ★ 新潟県

［制作者のコメント］　夏の光の眩しさに　どこまでも続く気がした青い海　実は嘘だったと　打ち明けられたら　そんな冬も待ち遠しい

［審査員のコメント］　青春ですね。そんな嘘なら、私もつかれてみたい。

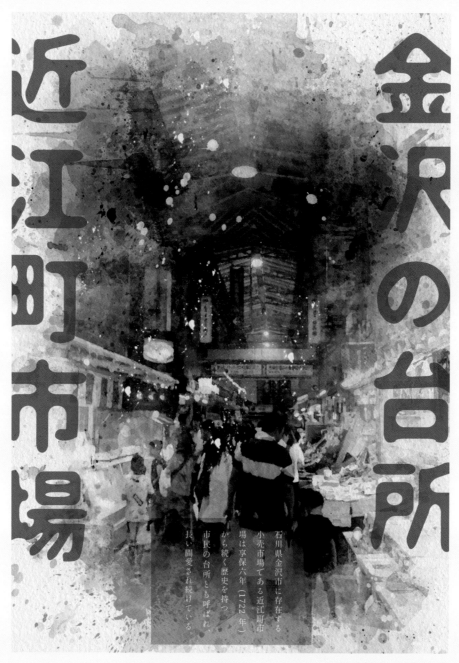

石川県（金沢 近江町市場）

関 隼杜（金沢科学技術大学校）
Seki Hayato

私の海 ☆ 石川県

［制作者のコメント］　近江町市場の持つ魅力を、少しでも引き出せるように。

［審査員のコメント］　なるほど！市場の活気を感じます。

パリピかな？
いや、じいちゃん
だったわ

石川県　小舞子海岸

石川県（白山　小舞子海岸）
海と日本PROJECT 石川エリア賞

村田 伊芙希（金沢科学技術大学校）
Murata Ibuki

私の海 ☆ 石川県

［制作者のコメント］　海のきれいさとおじいちゃんの笑顔が映えるようにつくりました。

［審査員のコメント］　おじいちゃんも笑顔にしてくれる海、素敵です。

福井県（東尋坊）
海と日本 PROJECT 福井エリア賞

かわっち（金沢科学技術大学校）
Kawatchi

私の海 ☆ 福井県

[制作者のコメント]　右側に写っている松の木をどう活かそうかを、時間をかけて考えました。結果、松の木が喋っている感じにしようという
　　　　　　　　　　　考えになりました。我ながら良い案だったと思います（笑）。

[審査員のコメント]　海に松。いいコンビです。

長野県（諏訪湖）
海と日本 PROJECT 長野エリア賞

齋藤 文子
Saito Ayako

私の海 ☆ 長野県

[制作者のコメント]　諏訪湖は天龍川の源流。諏訪地方では「ウミ」とも呼ばれます。天龍川の終着点は太平洋。「ウミ」から「海」へ暴れ
天龍が下ります！

[審査員のコメント]　ウミから海をつなぐ龍。日本の自然はすごいですね。

海が無いなら
海を作ればいいじゃない

全て手作り
長野県
松本市

長野県（松本市）

吉澤 綾乃（専門学校未来ビジネスカレッジ）
Yoshizawa Ayano

私の海 ☆ 長野県

［制作者のコメント］　長野県には海がないので、海の魅力をどう表現するかを考えるのがとても大変でした。そこで海がないなら自分で作ってきれいな海を表現すれば良いのではないか、と考えこのようなポスターを作りました。

［審査員のコメント］　シーグラスの海、キレイです。この発想もステキです。

見上げれば空と海の境界線
長野県 白馬村

空に色を塗るのは海。海に色を塗るのは空。

長野県(白馬)
海と日本PROJECT 長野エリア賞

米村 かいと（長野平青学園）
Yonemura Kaito

私の海 ☆ 長野県

[制作者のコメント]　海なし県から見た一番身近な海です。空は海の映し鏡なので、きっと海はこの空と同じ色をしているんだろうなと思って作成しました。

[審査員のコメント]　空を見て、海を思う。なんか雄大でいいなぁ。

そばの花、白い海。
岐阜県中津川市坂下

岐阜県（中津川 椛の湖自然公園）

加藤 信子
Kato Nobuko

私の海 ☆ 岐阜県

[制作者のコメント]　海のように広がる蕎麦の白い花畑が映えるよう、バランスを考えました。山の緑と、青空とのコントラストがとてもきれい
だったので、活かせるよう工夫しました。

[審査員のコメント]　そばの花の海。この後はおいしい蕎麦になって…、じゅる。

海はないが
海のように大きく広がる
緑がいっぱい岐阜県が
大好きです

岐阜県（岐阜 畜産センター公園）
海と日本PROJECT岐阜エリア賞

よぉこ
Yoko
私の海 ☆ 岐阜県

[制作者のコメント]　自然豊かな岐阜の景色を感じられますように。

[審査員のコメント]　緑しかないのに、海を感じますね。

静岡県（下田　竜宮窟）

菅野 千聖（専門学校日本デザイナー学院）
Kanno Chisato

私の海 ☆ 静岡県

[制作者のコメント]　この写真を見た時に、洞窟に包まれている感じと、その穴から見える光をどううまく際立たせるべきか悩みました。そのときの自分の心情を地層に合わせて描いたところもポイントです。

[審査員のコメント]　光の向こうは、いったいどんな世界が広がっているのでしょう。

愛知県（名古屋港水族館）

NGUYEN THI PHUONG LINH（長野平青学園）
NGUYEN THI PHUONG LINH

私の海 ★ 愛知県

［制作者のコメント］　名古屋港水族館は想像していた以上に素晴らしく、海洋生物を間近で見ることができます。自然豊かな海を体感しにまた行きたいねー。イラストのシャチはここで生まれたリンです。私と同じ名前で特に親しみを感じます。

［審査員のコメント］　リンさんが描いたシャチのリン。かっこいいぞ。

鳥の　　　競走
BIRD RACE

三重県津市

三重県（津　御殿場海岸）

中原 正昭
Nakahara Masaaki

私の海 ☆ 三重県

[制作者のコメント]　週末に散歩していると、浜辺で鳥が飛んでいるところが、かけっこをしているように見えました。

[審査員のコメント]　おお、波間を飛ぶ鳥たち。素敵な写真ですね。

どれくらい潜れるの？

海女さんに会えるまち 鳥羽市

三重県
鳥羽市

三重県（鳥羽）
海と日本PROJECT 三重エリア賞

中原 未遥
Nakahara Miharu

私の海 ☆ 三重県

[制作者のコメント]　海女さんは、貝やあわび等をつぎつぎとってました。息継ぎも少なく、長く潜っているのを見ていると、つい自分まで息を止めてしまいました。

[審査員のコメント]　海女さんは素潜りですからね。すごいですよね。

手乗り龍（りゅう）に会いに来て。

京都府天橋立

京都府（天橋立）
海と日本PROJECT 京都エリア賞

栗林 卓矢
Kuribayashi Takuya

私の海 ☆ 京都府

［制作者のコメント］　天橋立では手乗り龍に会うことができます。天橋立での新しい写真のポーズになるとうれしいです。

［審査員のコメント］　股からのぞくというのはやりましたが、手乗りという発想はなかった！

大阪府（大阪港）

小木 歩（近畿コンピュータ電子·専門学校2年）
Kogi Ayu

私の海 ☆ 大阪府

［制作者のコメント］　来年には卒業する友人たちの思い出の写真を使用して制作しました。大阪のにぎやかなイメージと心から楽しんでいる様子を、写真だけでなく、文字やイラストから感じてもらえれば幸いです。

［審査員のコメント］　大阪おもろいで！という勢いを感じます。

綺麗な景色やなぁ…
でも…ゴミが捨てられている
ゴミがなかったら、
暮らしやすいんやけとなぁ…

守りたい。この
すてきな関西の海。

撮影場所：天保山（大阪）

大阪府（大阪港　天保山）

なにわの真人（近畿コンピュータ電子·専門学校）
Naniwanomakoto

私の海 ☆ 大阪府

[制作者のコメント]　学校の校外学習で「うみぽす」の写真撮影に行きました。人魚像のある場所で撮りましたが、ゴミがかなり捨てられていたこともあり、人魚の気持ちを視点にして海洋汚染を防ぐために文字入れをしました。

[審査員のコメント]　人魚のポーズががっかりしているようで、秀逸です。

夕暮れ時は、
「二人色」の浜。

白い砂浜　青い松林
二色の浜

大阪府（貝塚　二色の浜）
海と日本 PROJECT 大阪エリア賞

山下 良治
Yamashita Ryoji

私の海 ☆ 大阪府

［制作者のコメント］　オレンジとブルーが溶け合う美しい色に染められた夕暮れの二色の浜。カップルにとって、「二人色」の浜になるロマンチックなひととき。幻想的な情景を目にして、シャッターを押す私も幸せな気持ちになりました。

［審査員のコメント］　こんなロマンチックなビーチがあるなんて、やるなぁ大阪。

 関海事 検索
http://sekikaiji.co.jp

関 美帆子（関海事工業所）
Seki Mihoko

私の海 ☆ 兵庫県

［制作者のコメント］　海洋土木工事業という特殊な業種で創業110年を誇る兵庫県淡路島の中小企業。日本全国のライフラインを海底ケーブルで従業員一丸となってつなぐ、関海事工業所のイメージポスターです。

［審査員のコメント］　海底ケーブルなんて見たことない。ダイビングの新名所？

兵庫県（加古川 海洋文化センター図書室）

濱崎 宣子
Hamasaki Nobuko

私の海 ☆ 兵庫県

［制作者のコメント］　海洋文化センターは、図書館と併設して、子供の遊び場、水場、カヤックの教室があります。市内の他の図書館にない、海に関する本が揃ってます。別府港に面しており、帆船がやってきたこともあります。

［審査員のコメント］　図書館で居眠りって気持ちいいですよね。それが海の夢なら、なおさら。

兵庫県(明石)

谷許 日菜子
Yamoto Hinako

私の海 ☆ 兵庫県

[制作者のコメント]　表情のある明石海峡大橋やタコなど、名物をチャーミングに描いて親近感が湧くようにしました。海中のきらめきやワクワク感など、イラスト表現ならではの充実感が出せたと思います。

[審査員のコメント]　タコがめっちゃかわいい。明石焼きが食べたくなった!

鳥取県（琴浦）

えぐっちゃん（キャンパスラボ）
Egutchan

私の海 ☆ 鳥取県

［制作者のコメント］　第2の故郷、鳥取県。ここに来ると悩みをリセットできる。大好きな祖父母との思い出。幼い頃から海と共に夏を過ごして
きた。ただの田舎じゃない。本当の魅力はここに来た人にだけ見つけられる。さあ、鳥取へ！

［審査員のコメント］　え〜と「ことりもうっとりとっとり」でどうでしょう？

ヒーローになれる場所

島根県出雲日御碕灯台

島根県（出雲日御碕灯台）

牧原 玲奈
Makihara Reina

私の海 ☆ 島根県

［制作者のコメント］　どんな人が見ても行きたくなる気持ちになれるといいな、いう思いで作成しました。

［審査員のコメント］　これは、まさかのリアル元気玉。そうだよな、悟飯！

明日は何して遊ぼうか

玉野市宇野港

岡山県（玉野　宇野港）

ちえり
Chieri

私の海 ☆ 岡山県

［制作者のコメント］　写真の方舟の向こうには瀬戸内海の絶景が広がります。毎日見ても飽きません。写真は、港の突堤で開催された
　　　　　　　　　　　"UNOICHI" の1コマ。大人も子供も観光客もあつまる楽しいイベントなんですよ。

［審査員のコメント］　子供たちが見ている海が、きっときれいな海なんだよね。

玉野市日比

灯台もと、暗し。

岡山県（玉野 日比）
海と日本 PROJECT 岡山エリア賞

森本 直樹（玉野市教育委員会 社会教育課）
Morimoto Naoki

私の海 ☆ 岡山県

［制作者のコメント］　玉野市には素敵な海の風景、人、物が盛りだくさんです。是非一度お越しいただき、自分だけのスポットを見つけてください!

［審査員のコメント］　灯台ってフォトジェニックですね。

後ろの人、工事中なんだって。
まあ工事中なのも珍しくない？

集えこの海！宮島

広島県（宮島）

佐藤 由唯（大分県立鶴崎工業高等学校）
Sato Yui

私の海 ☆ 広島県

［制作者のコメント］　撮影時、大鳥居は工事中でした。残念でしたが、この工事期間という風景はまたと無い貴重なもので、今しか見れません。手前にある灯篭が鳥居を説明しているようなポスターとしました。

［審査員のコメント］　工事中の大鳥居が見られてラッキー。プラス思考でいきましょう。

夏の徳山湾　約束の場所になる

今日の夕陽きれいだね。
また、明日も見れるかな。

山口県（徳山湾）
海と日本 PROJECT 山口エリア賞

なおなお
Naonao

私の海 ☆ 山口県

[制作者のコメント]　工場夜景がきれいな周南市の徳山。きれいな夕陽を見ることができると、また明日も見たいな♫と純粋に思います。明日もきょうと変わらないこの風景を目にしたい、隣にいる人と明日もこの場所で・・・と。

[審査員のコメント]　夕日がキレイな海は、いつ見てもいいですね。

徒歩でも
自転車でも
車でも みんなが通りたくなる海の上

山口県の絶景スポット！
角島大橋

山口県（下関　角島大橋）

横塚 あかり（大原情報ビジネス専門学校）
Yokozuka Akari

私の海 ☆ 山口県

［制作者のコメント］　死ぬまでに行きたい絶景ランキングや、日本の橋ランキングにも入っている角島大橋を描きました。角島だけでなくその道のりも楽しめる観光スポットとして、楽しげな雰囲気になるように表現しました。

［審査員のコメント］　絵に描いたような風景ですが、実在するんですよ。

きっと君も、
素直になれる

香川県高松市 サンポート高松

香川県（サンポート高松）
海と日本PROJECT 香川エリア賞

小松原 千裕（香川県立高松商業高等学校）
Komatsubara Chihiro

私の海 ☆ 香川県

［制作者のコメント］　サンポート高松はよく来ていたのですが、屋上にのぼったことはなく、とてもきれいな眺めで驚きました。瀬戸内海を遠くまで見渡すことができたので、眺めが美しいことが伝わるようにアングルに気をつけて撮影しました。

［審査員のコメント］　素直に、日本は海辺のいい場所が多いなぁと思います。

香川県（三豊　父母ヶ浜）

たなか ゆか（東京女子大学）
Tanaka Yuka

私の海 ☆ 香川県

［制作者のコメント］　四国旅行に行ったときの写真です。撮影は難しかったですが、海岸に趣味で写真を撮っていた方がいて、快く撮ってくださいました。写真と一言から、どうやったら友達との旅行の楽しさと海の美しさを伝えられるか考えました。

［審査員のコメント］　海の上を走っているみたいですね。おもしろい！

やばい、シカが襲ってきた・・・・

冒険気分を味わえる
松山市　鹿島

愛媛県（松山　鹿島）

中島 嘉男
Nakajima Yoshio

私の海 ☆ 愛媛県

[制作者のコメント]　4年前に旅行した愛媛県松山市にある鹿島の写真です。妻と2人で島を散策中に、突然野生のシカに遭遇したときの心境を表してみました。昨年娘も生まれたので、次は3人で島を訪れてみたいと思います。

[審査員のコメント]　鹿島は「しかじま」ではなく「かしま」と読むんですね。

加工フィルター要りません

高知家柏島

高知県（柏島）

西村 綾乃
Nishimura Ayano

私の海 ☆ 高知県

［制作者のコメント］　「船が浮いている」と言われるほど透き通る青い海を、ぜひ見て欲しいです。

［審査員のコメント］　海の透明度が自慢の柏島。シュノーケリングも楽しいですよ。

波の音　磯の香り
足に伝わる砂の感触
これだけは切り取れんと...
やけん、芦屋においでよ。

福岡県（芦屋海岸）
海と日本PROJECT福岡エリア賞

橋野 桃華（専門学校日本デザイナー学院）
Hashino Momoka

私の海 ☆ 福岡県

[制作者のコメント]　　SNSの発達で、現地に行かずともきれいな景色が見れる昨今。しかし心地よい波の反復音や、磯の香り、砂の感触は
　　　　　　　　　　　何度シャッターを切ってもファインダーに収めることは出来ない、というのを表現しました。

[審査員のコメント]　　行かないと感じられないこと、確かにありますね。

足だけよ。
足だけよ..

しかたない
ここはあなたの
パラダイ

波戸岬

佐賀県（唐津　波戸岬）
海と日本PROJECT佐賀エリア賞

坂本 容子
Sakamoto Yoko

私の海 ☆ 佐賀県

［制作者のコメント］　海、砂浜、が大好きな子どもの笑顔になんでも許せちゃいます。

［審査員のコメント］　子供はほんとうに水場が好き。大人も一緒に入っちゃえば?

長崎県（長崎湾）

福田 桃子（専門学校日本デザイナー学院）
Fukuda Momoko

私の海 ☆ 長崎県

［制作者のコメント］　今回の作品は、地元に毎年帰りたくなるあったかい気持ちを込めて作りました。あえて夜景にしたのも、仕事帰りや疲れた一日の終わりに見る長崎の海を沢山の人に見てもらい、思い出を作って欲しいからです。

［審査員のコメント］　素敵な夜景。水面に映る明かりも情緒があります。

熊本県(津奈木　三ツ島海水浴場)

木嶋 なぎさ（株式会社プラマコーポレーション）
Kijima Nagisa

私の海 ★ 熊本県

[制作者のコメント]　熊本県津奈木町にある三ツ島海水浴場で撮影しました。弊社のYouTube番組「ぷらすた」の収録時に撮ったもので、未来を見据えるメンバーと、津奈木町の由来である「繋ぐ」を掛け合わせた言葉を載せました。

[審査員のコメント]　手を繋ぎあっているだけなのに、ちょっとグッと来るのはなぜでしょう。

「私たちは歳を重ねて変わっていくけど、
海さん、あなたは
ずっとずっと変わらないでね。」

熊本県 茂串海岸

熊本県（天草 茂串海岸）
海と日本PROJECT 熊本エリア賞

端田 三奈未 （キャンパスラボ）
Hatada Minami

私の海 ☆ 熊本県

[制作者のコメント]　小さい頃からのたくさんの思い出を思い出させてくれるこの海を失いたくないと思い、作品を出させていただきました。何気ない一海岸かもしれないけど、私にとっては大事な人とのかけがえのない場所です。

[審査員のコメント]　大切な人と、これからも毎年この海に訪れてください。

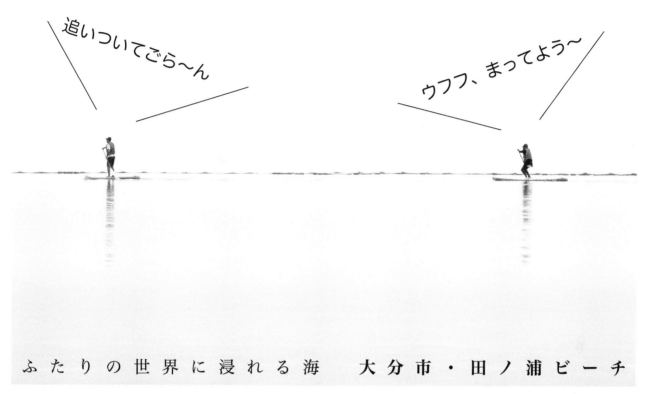

大分県（田ノ浦ビーチ）
海と日本 PROJECT 大分エリア賞

児玉 有希（大分県立鶴崎工業高等学校）
Kodama Yuki

私の海 ⭐ *大分県*

［制作者のコメント］　この日はあいにくの曇りで、海と空の境界線が消えていました。そこへ境界を示すかのようにカップルを両端に配置し、離れているように見えるけれど、二人の「心の距離」の近さが分かるようにしました。

［審査員のコメント］　ずいぶん波のない海ですね。ここでSUPしてみたい!!

大分県（臼杵 黒島）

中野 重二
Nakano Juji

私の海 ☆ 大分県

［制作者のコメント］　最初はモデルになる人はいないだろうと思っていましたが、実際やってみると意外と人気があり、素敵な写真が沢山撮れたので、黒島のPRに使えないかと考えポスターにしました。

［審査員のコメント］　いいですね、黒島。私も人魚に会いに行きます。

宮崎県 (延岡　須美江ビーチ)

伊藤 真弓
Ito Mayumi

私の海 ★ 宮崎県

［制作者のコメント］　　海と砂浜と山のコントラストがそのまま雑誌の表紙になるなぁと思い、表紙のような見出しをつけました。避暑地にバカンスといったイメージになるように、モデルの格好や仕草を工夫しました。

［審査員のコメント］　　本当に雑誌の表紙みたいです。キュートなモデルさんがグッド。

YORON　クリスタルビーチ

ふいといて
塩風あたるわ
あなたたち！

鹿児島県（与論島　クリスタルビーチ）

沖島 重範
Okishima Shigenori

私の海 ☆ 鹿児島県

[制作者のコメント]　　キャッチフレーズで、写真の魅力を伝えるのがとても難しかった。

[審査員のコメント]　　上から目線ですが、許せてしまう海の青さです。

みんなで
こんな**顔**に
なっ**ちゃぉ**♪

与論島
全力で遊べる海しかない！

鹿児島県（与論島）

国料 悠生
Kokuryo Yuki

私の海 ☆ 鹿児島県

［制作者のコメント］　　とってもきれいな海で、かわいくて仕方ない娘が見せた全力の笑顔。与論に来て、海が大好きになりました。

［審査員のコメント］　　うひゃひゃひゃ、ぜひこんな顔になりたいです。

帰ろっか。

与論島

鹿児島県（与論島）

箱山 康子
Hakoyama Yasuko

私の海 ☆ 鹿児島県

[制作者のコメント]　与論島は帰りたくなる島。「帰ろっか」って気軽に帰ってきてほしい。与論島の海は帰りたくなくなる海。でも、母として
は夕日が沈むまでに帰りたいところ。息子が「帰ろっか」って言うのを待ってるところです。

[審査員のコメント]　帰りたくなくなる海に、帰りたい。私の場合は、行きたい。

人生で一度しか逢えない砂浜。

どれに出逢えるかは、あなた次第。
YURIGAHAMA

鹿児島県（与論島　百合ヶ浜）
海と日本PROJECT鹿児島エリア賞

原田 理恵子（シマイロデザイン）
Harata Rieko

私の海 ☆ 鹿児島県

［制作者のコメント］　いつでも逢えるわけではない百合ヶ浜。波や風が創り出す砂紋は、その日その瞬間、一度しか見られない自然が作る
　　　　　　　　　　芸術です。あなたもぜひ、百合ヶ浜に逢いに与論島に来てください♪

［審査員のコメント］　百合ヶ浜。実は行ったことがないので、次回はぜひ。

また絶対、
戻って来ようね。

沖縄県・小浜島

沖縄県（小浜島）

山内 あきの （日本大学／キャンパスラボ）
Yamauchi Akino

私の海 ☆ 沖縄県

[制作者のコメント]　沖縄旅行の際の写真です。広大な海を目の前にして、直感的に思ったことをそのままコピーにしました。2月とは思わせない気温と、ゆったりと流れる時間が贅沢で、絶対にまた訪れたい、大好きな場所になりました。

[審査員のコメント]　また戻ってきたいと思わせる魅力が海にはありますよね。

沖縄県（伊江島）

大房 千紘
Ofusa Chihiro

私の海 ☆ 沖縄県

［制作者のコメント］　伊江島の美しい海と、自然にひろがる日常の風景を写真に収められるように気を付けました。被写体の表情が分からずとも、たのしさやうれしさ、伊江島の魅力が伝わればうれしいです。

［審査員のコメント］　いやぁ、楽しそう。私も混じって遊びたい!!!

沖縄県（豊見城　美らSUNビーチ）
海と日本PROJECT沖縄エリア賞

具志堅 ややこ（専修学校インターナショナルデザインアカデミー）
Gushiken Yayako

私の海 ☆ 沖縄県

[制作者のコメント]　生き物を撮るとき、少しでも動くと生き物が隠れてしまうので、動かずにシャッターチャンスを待つことが一番大変でした。

[審査員のコメント]　たくさんの生き物たちと出会えるのも、海の楽しみの一つですね。

沖縄県（久米島）

宮里 澪（沖縄県立久米島高等学校1年）
Miyazato Rei

私の海 ☆ 沖縄県

［制作者のコメント］　ただのポスターだけだとつまらないと思ったので、久米島の海と私が苦手とする数学をテーマに、全国の数学を苦手とする人たちの代弁をしました！

［審査員のコメント］　海×数式というのは今までにない方程式です。

137

沖縄県（南城　あざまさんさんビーチ）

ミヤギ ヨウ （沖縄県南城市役所）
Miyagi Yo

私の海 ☆ 沖縄県

［制作者のコメント］　輪郭に赤と青のラインを出すように加工したことで、踊り出す感じを演出しました。

［審査員のコメント］　実物はどんな海なのか、想像力が踊り出します。

ポスター部門こどもの部
入賞者一覧　（敬称略）

木村 日唯奏
玉澤 歩凪乃
舟山 友葵
木村 倖之介
雨澤 海成
ケフェレック 藍琉
古田 海翔
鵜飼 颯汰
伊藤 愛理
中村 祥
寺本 結莉
日吉 悠喜
渡邊 莉緒
木附 花音
岡﨑 利大、岡田 悠希、小原 かなえ
金 珉廈

ポスター部門
こどもの部 入賞

北海道（函館）

木村 日唯奏（函館市立深堀小学校）
Kimura Suina

私の海 ☆ 北海道

［制作者のコメント］　海がめに乗ってみたいと思いながらかいたけど、海がめは乗っちゃいけないと、後から知りました。甲羅の色や形をかくのを一番考えました。

［審査員のコメント］　乗ると怒られるので、見つけたらいっしょに泳ぎましょう。

北海道（八雲　噴火湾パノラマパーク）
海と日本PROJECT 北海道エリア賞

玉澤 歩凪乃（一関市立藤沢小学校）
Tamazawa Honano

私の海 ☆ 北海道

[制作者のコメント] 　初めてこの夏、北海道に行きました。おいしいものがいっぱいの北海道ですが、白かばの丘から海をながめて、しぼり
たての牛乳から作ったソフトクリームを食べると、もっとおいしかったです。

[審査員のコメント] 　海を見ながらのソフトクリーム。そりゃおいしいに決まってる。

岩手県（山田町　鯨と海の科学館）
海と日本 PROJECT 岩手エリア賞

舟山 友葵 （盛岡市立緑が丘小学校）
Funayama Tomoki

私の海 ☆ 岩手県

［制作者のコメント］　東日本大震災で被災した岩手県山田町にある鯨と海の科学館の巨大な鯨。その迫力が伝わるように描くのが難しかった。

［審査員のコメント］　巨大なクジラの迫力がよく表現されています。

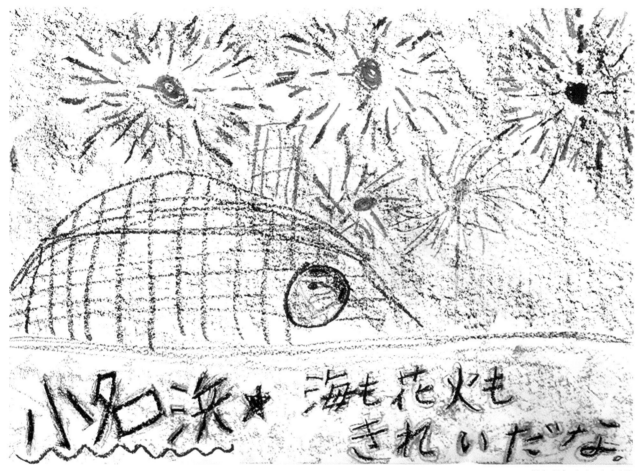

福島県 (いわき　小名浜)

木村 倖之介
Kimura Konosuke

私の海 ☆ 福島県

［制作者のコメント］　いわき小名浜の花火大会。夜空と海、そしてアクアマリン水族館の輝きで、花火がとてもきれいでした。

［審査員のコメント］　海と花火と水族館。ぜひ見に行きたいです。

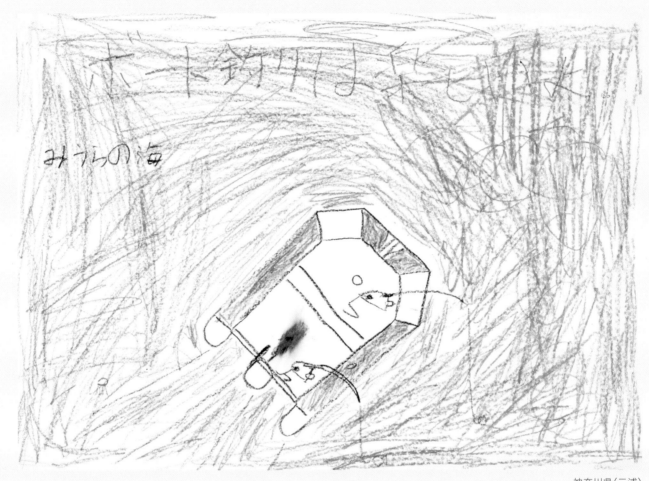

神奈川県(三浦)

雨澤 海成 （横浜市立秋葉小学校）
Amezawa Kaisei

私の海 ☆ 神奈川県

[制作者のコメント]　海の部分を全体的に塗りつぶすのがちょっと大変でした。ボートを丁寧に描くように工夫しました。受賞の知らせはビックリしましたが、うれしいです！

[審査員のコメント]　ボート釣りの様子を真俯瞰で描くセンスがいいです。

神奈川県（鎌倉）

ケフェレック 藍琉
Queffelec Ael

私の海 ☆ 神奈川県

[制作者のコメント]　初めて泳いだ鎌倉の海を思い出しながら、僕のイマジネーションでこんな海があったらいいなと思って描きました。この海には、どんな生き物も、死んでもまた生まれ変われる魔法のタワーがあります。

[審査員のコメント]　鎌倉の海に魔法をかけて、楽しい世界を創造してくれました。

神奈川県(横浜)

古田 海翔 （横浜市立白幡小学校）
Furuta Kaito

私の海 ☆ 神奈川県

[制作者のコメント]　将来の夢は豪華客船の船長です。家の近くにある横浜大さん橋にたくさんの豪華客船が来るので、よく見に行きます。
日本一かっこいい飛鳥IIを描くのは難しかったですが、船の旅が楽しいことを紙いっぱい表現しました。

[審査員のコメント]　将来の船長！ さすがに船の絵もうまいです。

静岡県（下田）

鵜飼 颯汰（和光市立下新倉小学校）
Ukai Sota

私の海 ☆ 静岡県

［制作者のコメント］　シャチの黒を同じ濃さにしつつ、色の重なる部分をどうするか悩みながら描きました。

［審査員のコメント］　親子のシャチがいい感じ。まさにLet's goですよね。

和歌山県（和歌山）
海と日本PROJECT 和歌山エリア賞

伊藤 愛理（南アルプス市立八田小学校）
Ito Airi

私の海 ☆ 和歌山県

［制作者のコメント］　砂浜の色を描くのがむずかしかった。

［審査員のコメント］　いろいろな貝を見つけましたね。次は何が見つかるかな。

鳥取県（鳥取砂丘）
海と日本 PROJECT 鳥取エリア賞

中村 祥（尾道市立土堂小学校）
Nakamura Sho

私の海 ☆ 鳥取県

［制作者のコメント］　鳥取砂丘には、家族4人で行きました。瀬戸内の海とは違って、波が白く僕のほうに来ました。まだ行ったことがない人は、ぜひ行ってほしいです。

［審査員のコメント］　まるで現代アートのような砂丘と海に惹かれます。

島根県（出雲　猪目）
海と日本PROJECT 島根エリア賞

寺本 結莉（出雲市立塩冶小学校）
Teramoto Yuiri

私の海 ☆ 島根県

[制作者のコメント]　海と空の色を、がんばってぬりました。

[審査員のコメント]　微妙に違う青の海と空のコントラストがステキです。

岡山県（倉敷　沙美海岸）

日吉 悠喜 （倉敷市立沙美小学校）
Hiyoshi Yuki

私の海 ☆ 岡山県

［制作者のコメント］　瀬戸内海が壮大に広がる海の色は、深みの掛かった青い色の落ち着いた特徴のある海です。沖は濃い色に変化するので、絵の具の色使いを調整するのが大変でした。是非この海を見てもらいたいと思い、一生懸命描きました。

［審査員のコメント］　「およぎてー！」という魂の叫びが、タッチにも表れています。

岡山県（瀬戸大橋）

渡邊 莉緒
Watanabe Rio

私の海 ☆ 岡山県

［制作者のコメント］　りょこうでいったおかやまけんからみた、せとおおはしが大きくて、とてもびっくりしました。せとおおはしからみたうみの
　　　　　　　　　　けしきがきれいでした。

［審査員のコメント］　貼り紙の瀬戸大橋がいいですね。渡ってみたい。

広島県(尾道)
海と日本 PROJECT 広島エリア賞

木附 花音 (尾道市立栗原小学校)
Kitsuki Kanon

私の海 ☆ 広島県

[制作者のコメント]　ハタの表情が優しくなるように、線や色の塗り方に気を付けました。このポスターを見て、沢山の人が尾道に遊びに来てくれるといいなと思いながら描きました。絶景ポイントも沢山あります。ぜひ遊びに来てください。

[審査員のコメント]　魚をリアルに描くと気持ち悪くなることがあるけれど、このハタはかわいい♥

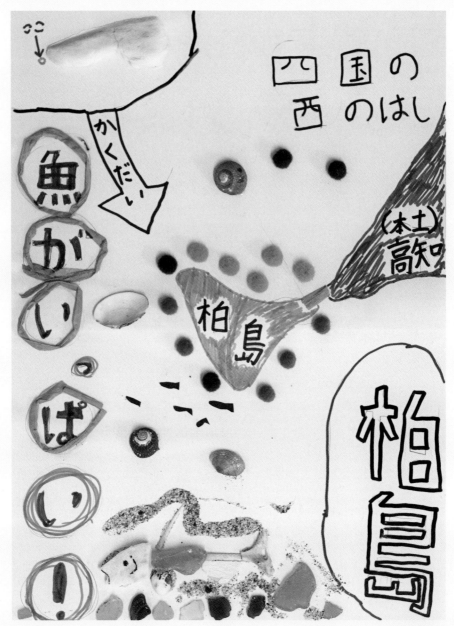

高知県（柏島）
海と日本 PROJECT 高知エリア賞

岡﨑 利大（宿毛市立宿毛小学校）、岡田 悠希、小原 かなえ
Okazaki Rio, Okada Yuki, Obara Kanae

私の海 ☆ 高知県

［制作者のコメント］　柏島の砂、魚の骨などを使って柏島の海を作りました（岡﨑 利大）。柏島の位置がわかりやすいように左上に広域図を書きました（岡田 悠希）。キャッチフレーズには覚えやすい言葉を使いました（小原 かなえ）。

［審査員のコメント］　砂やらシーグラスやら骨やらを駆使した力作ですね。

沖縄県（沖縄）

金 珉廈（東京YMCAインターナショナルスクール）
Kimu Minha

私の海 ☆ 沖縄県

［制作者のコメント］　美しい夕方だよ。

［審査員のコメント］　海とカメと太陽のバランスがすばらしい。

絵 て が み 部 門 一 般 の 部
入 賞 者 一 覧 （敬称略）

永嶋 佑基
長谷川 優真
菅原 義子
田中 菜摘
零
とげ いつこ
伊藤 沙弥
長谷川 あ久里
羊
吉田 綾音
酒井 可奈子
Botchy-Botchy
山本 知子
竹内 美津代
平間 凛
原田 諭、原田 理恵子
吉田 優海

絵てがみ部門
一般の部 入賞

北海道（島牧）

永嶋 佑基
Nagashima Yuki

私の海 ☆ 北海道

［制作者のコメント］　山から海へ　海から山へ　命のつながりを表現しました。

［審査員のコメント］　川ではヤマメ、海ではサクラマスと呼ばれるそうです。

青森県（八戸）
海と日本PROJECT青森エリア賞

長谷川 優真（八戸工業大学）
Hasegawa Yuma

私の海 ☆ 青森県

［制作者のコメント］　一番苦労した点は色彩です。食べ物を美味しそうに、魅力的に描くにはどうすればいいのか、試行錯誤しながら色をのせました。

［審査員のコメント］　豊かな海の幸。あ〜、おなかすいた。

宮城県（気仙沼）

菅原 義子
Sugawara Yoshiko

私の海 ☆ 宮城県

[制作者のコメント]　風光明媚で魚のおいしい町、気仙沼。大震災・大津波にも負けず、確実に復興が進んでおります。被災した私ですが、我が家と店舗はやっと来春完成の予定。子供の頃から描き続けて来た故郷気仙沼！ふと車を止めてスケッチした一枚でした。

[審査員のコメント]　復興しつつある気仙沼の活気が感じられます。

千葉県(勝浦 鵜原)

田中 菜摘（東京デザイン専門学校）
Tanaka Natsumi

私の海 ☆ 千葉県

［制作者のコメント］ 鵜原にある、白い鳥居と澄みきったさまざまな碧を含んだ海の美しさが伝わるように、単純に青で海を塗るだけでなく、写真と、そして見た時に感じたものを詰めこんで色を重ねていきました。

［審査員のコメント］ 青い海に白い鳥居はフォトジェニックですね。

式根島
−新しい世界を見つけよう−

東京都（式根島）

零
Rei
私の海 ☆ 東京都

［制作者のコメント］　海のきれいな透明感を出したくて、光の感じを表現するのに苦労しました。海の中で感じた感動を、ちゃんと表せていたらうれしいです。

［審査員のコメント］　まるで水中にいるようなイラスト。不思議な世界です。

神奈川県（葉山　一色海岸）

とげ いつこ
Toge Itsuko

私の海 ☆ 神奈川県

［制作者のコメント］　　入る度に見える景色が違う、海の楽しさを描いてみました。もっとたくさんの生き物を描きたかったのですが、絵はがき
　　　　　　　　　　　　だったので描ききれませんでした。

［審査員のコメント］　　東京から近いのに、ずいぶん豊かな海があるんですね。

神奈川県(横須賀 多々良浜)

伊藤 沙弥（専門学校日本デザイナー学院）
Ito Saya

私の海 ☆ 神奈川県

[制作者のコメント]　多々良浜の歴史であるゴジラとペリーも、わたしと同じように思わず息を呑むように感動していただろうなあ…とふと頭に浮かんだイメージから制作しました！ ロゴや色使いにもときめいてもらえたらうれしいです。

[審査員のコメント]　ゴジラとペリーと私。すごいトリオだ。

新潟県(村上　瀬波温泉海岸)

長谷川 あ久里
Hasegawa Aguri

私の海 ☆ 新潟県

［制作者のコメント］　バックの出来が気に入らないと言われて描き直しました。両端の横顔の微妙な表情を、描くのが難しかったです。

［審査員のコメント］　海はロマンチックな気分も盛り上げますよね。

寒くなったら また来てね
ブリも美味い季節だし

氷見市 阿尾のうみ

富山県（氷見）
海と日本PROJECT 富山エリア賞

羊（大原情報デザインアート専門学校 金沢校）
Hitsuji

私の海 ☆ 富山県

[制作者のコメント]　この写真には映っておりませんが、足元のレンガも夕焼けと同じピンク色で、こんなにきれいな所が地元にあったのかと
　　　　　　　　　　うれしくなりました。近くには旅館も見えたので、冬になったら家族でブリを食べにまた来たいです。

[審査員のコメント]　冬でもおいしいものが待ってる海なんですね。

京都府（天橋立）

吉田 綾音
Yoshida Ayane

私の海 ☆ 京都府

［制作者のコメント］　天橋立入口横にたてられた「知恵の輪」という灯籠が、中央に大きく写るオブジェのモチーフです。何かに迷い悩んだ
とき、天橋立の股のぞきのように、考え方を180°変えてみれば何か見えてくるものがあると感じました。

［審査員のコメント］　迷ったら書を捨てて海へ行こう。

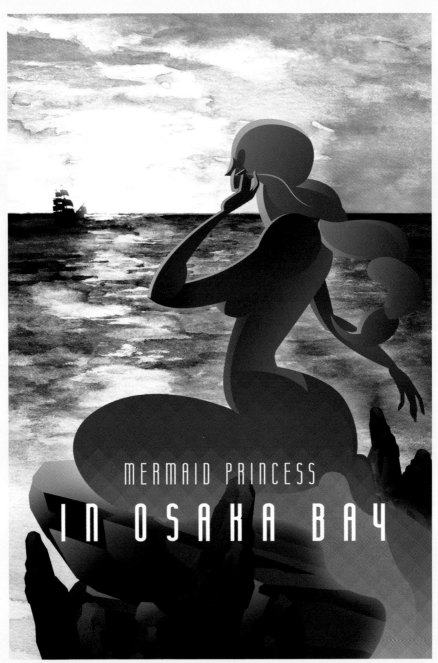

MERMAID PRINCESS
IN OSAHA BAY

大阪府(大阪湾)

酒井 可奈子
Sakai Kanako

私の海 ☆ 大阪府

［制作者のコメント］　人魚の持つ思いと海を、どういうシチュエーションで表せば伝わるかを考えて制作いたしました。

［審査員のコメント］　海にはさまざまなドラマがあるんですね。

うみの歩み

稲佐の浜

島根県（出雲　稲佐の浜）

Botchy-Botchy（専門学校日本デザイナー学院）
Botchy-Botchy

私の海 ☆ 島根県

［制作者のコメント］　墨汁を使って、海の楽しい瞬間を表したかった。

［審査員のコメント］　私も八百万の神々が来るビーチで海水浴したい。

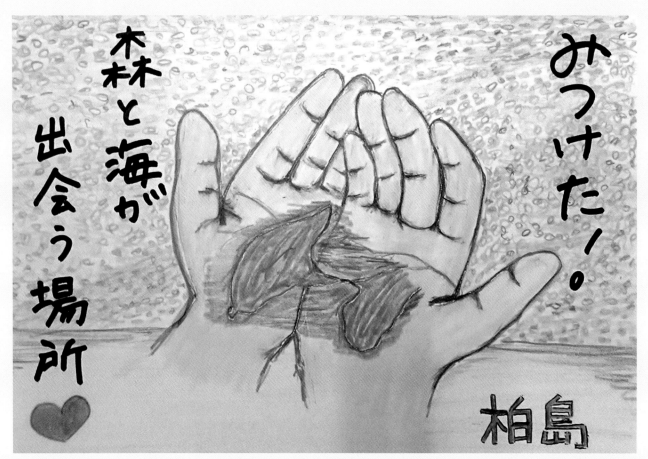

高知県（柏島）

山本 知子
Yamamoto Tomoko

私の海 ☆ 高知県

[制作者のコメント]　森と海が出会う柏島は「島がまるごとミュージアム!!」。大切な自然をこれからも守り育てたい、という気持ちで描きました(*´∀`)

[審査員のコメント]　自然豊かできれいなところですよね、柏島って。

長崎県（平戸）
海と日本 PROJECT 長崎エリア賞

竹内 美津代（牟田アトリエ）
Takeuchi Mitsuyo

私の海 ☆ 長崎県

[制作者のコメント]　飛べる‼ 魚だけど飛べる! 平戸に来たら新鮮な海の幸と青い大海原にパワーをもらい、トビウオのように飛び跳ねるくらい元気になれますよ。

[審査員のコメント]　私も平戸に飛んでいきたい。

じぃちゃんの船で
ずうっと遠くへ
行ってみたぃ…。

田ノ浦

大分県(田ノ浦)

平間 凛（大分県立鶴崎工業高校）
Hirama Rin

私の海 ☆ 大分県

［制作者のコメント］　海のきれいさを表現するのにこだわりました。海の色合いには少し暖色を使ったり、波の揺れ具合を上手く表現するの
　　　　　　　　　　に苦労しました。また、遠くにじいちゃんの船を描くことで、「思い出」感を表せるようにしました。

［審査員のコメント］　じいちゃんの船、いっしょに乗せてください。

鹿児島県（与論島）

原田 諭、原田 理恵子（シマイロデザイン）
Harata Satoshi, Harata Rieko
私の海 ☆ 鹿児島県

［制作者のコメント］　　初めての来島。すっかり与論島の海が気に入ったようです。将来は与論島に移住かな！

［審査員のコメント］　　いい笑顔です。与論の海のおかげですね。

沖縄県（久米島）

吉田 優海（沖縄県立久米島高等学校2年）
Yoshida Yuka

私の海 ☆ 沖縄県

［制作者のコメント］　この絵を描くにあたって工夫した点は、気泡を描いて息をしている様子が伝わるようにしたことです。また、底が深くみえ、背景となじむようグラデーションを使いました。ウミガメの表情を描くのが難しかったです。

［審査員のコメント］　ウミガメさんに話かけられているようで、しみじみします。

絵てがみ部門こどもの部
入賞者一覧　（敬称略）

千代谷 栞那
竹本 駿貴
門脇 里奈
富樫 真央
豊島 結
森嵜 根
諸富 柊一郎
倉内 悠那
伊藤 星花
篠原 愛斗
Aiko
若井 瑠依
佐藤 寛亮
倉橋 怜
伊藤 丈琉

絵てがみ部門
こどもの部 入賞

青森県(浅虫)

千代谷 栞那
Chiyoya Kanna

私の海 ☆ 青森県

［制作者のコメント］　昔の人は鹿のツノを釣り針にして魚を釣っていたことを描きました。

［審査員のコメント］　鹿のツノで釣りって、やってみたい!

岩手県(山田町)

竹本 駿貴
Takemoto Toshiki

私の海 ☆ 岩手県

［制作者のコメント］　カキの魅力を知ってもらうために言葉を工夫したり、カキの貝がらやぷりぷりとした身をおいしそうに描くのが難しかったです。

［審査員のコメント］　光り輝くほどおいしいカキ。食べた〜い♥

山形県（鶴岡）
海と日本PROJECT山形エリア賞

門脇 里奈（大蔵村立大蔵小学校）
Kadowaki Rina

私の海 ☆ 山形県

［制作者のコメント］　「鶴岡」！といえば「クラゲ」！なので、いろんなところにくらげをかきました。

［審査員のコメント］　鶴岡はクラゲが名物だったんですね。知らなかった。

山形県（遊佐　西浜海水浴場）

富樫 真央（酒田市立琢成小学校）
Togashi Mao

私の海 ☆ 山形県

[制作者のコメント]　お姉ちゃんと、とった物が違いすぎてびっくりしたことを描きました。海に行った時のことを、思い出して楽しくかくことができたので、選ばれてうれしかったです。

[審査員のコメント]　お魚にワカメ。貝やエビもいるかな？

福島県（いわき）

豊島 結 （いずみ幼稚園）
Toyoshima Yu

私の海 ☆ 福島県

［制作者のコメント］　夏休みに福島県いわき市にあるアクアマリンの海で遊んだよ。冷たくて気持ちよかったよ。太陽がまぶしくて海は青く
　　　　　　　　　　キラキラしてきれいでした。あんまりはしゃぎすぎてパンツぬれちゃったよ。でも、すごく楽しかったよ。

［審査員のコメント］　パンツぬれちゃうぐらい夢中で遊んだんだね。よかった、楽しそうで。

神奈川県（葉山）

森嵜 根（葉山町立一色小学校）
Morisaki Kon

私の海 ☆ 神奈川県

[制作者のコメント]　僕は、葉山でアウトリガーカヌーに乗っています。6人乗りのHawaiからきた乗り物です。アウトリガーカヌーの大会で、漕いでいる僕たちを見守っているレスキュー隊の絵を描きました。

[審査員のコメント]　レスキュー隊員だったのか！太陽を背にしてかっこいい。

神奈川県（葉山 一色堤防）

諸富 柊一郎 （葉山町立一色小学校）
Morotomi Shuichiro

私の海 ☆ 神奈川県

[制作者のコメント] 春は大潮で普段行けない所まで歩けます。夏は黒潮にのり南に住む魚がやってきます。秋はまだまだシュノーケリング
ができます。冬は釣りができます。僕は一色海岸で海を一年中楽しんでいます。一色海岸が大好きです。

[審査員のコメント] メバル釣りか。一色海岸にぜひ今度行ってみます。

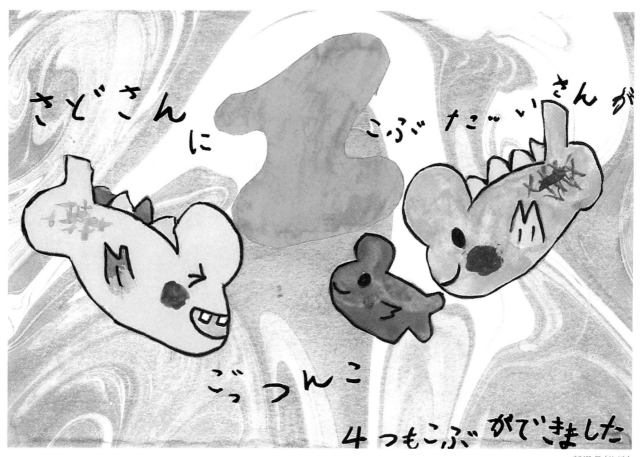

新潟県（佐渡）
海と日本 PROJECT 新潟エリア賞

倉内 悠那
Kurauchi Yuna

私の海 ☆ 新潟県

[制作者のコメント]　さどさんにこぶだいさんがごっつんこ。佐渡島の形はこぶだいのこぶに似ています。そして佐渡島の周りの海はマーブリングのように色が濃かったり薄かったり…。見るたび変わるふしぎな海を見に来てね。

[審査員のコメント]　コブダイが佐渡島とごっつんこ! かわいい!!

4才の白良浜の思い出

和歌山県（白浜）

伊藤 星花
Ito Hoshika

私の海 ☆ 和歌山県

[制作者のコメント]　4歳の娘が、夏休みに家族で行った和歌山県の白浜での思い出を絵と折り紙で表現しました。みんなで遊んだ砂浜、見つけた魚や貝殻、打上げ花火が良い思い出です。絵も折り紙も拙いですが、一生懸命取り組んでいました（保護者談）。

[審査員のコメント]　たくさんの楽しい思い出、絵てがみとして残せてよかったです。

島根県（島根）

篠原 愛斗（岡山市立芳泉小学校）
Shinohara Aito

私の海 ☆ 島根県

［制作者のコメント］　クラゲがきれいだったので、クラゲを中心に描きました。

［審査員のコメント］　クラゲきれいだよね。私もつい見とれてしまいます。

白石島　来てねー

砂兵　きれいだよ…

キャンドルも作れるよ。

岡山県（笠岡　白石島）

Aiko
Aiko

私の海 ☆ 岡山県

［制作者のコメント］　　ガラス瓶に、さらさらの砂とかわいい貝殻で素敵なキャンドルを作りました。海とキャンドルの火がきれいです。

［審査員のコメント］　　ビーチでキャンドル。きれいな夜景が目に浮かびますね。

岡山県（倉敷　玉島）

若井 瑠依（倉敷市立柏島小学校）
Wakai Rui

私の海 ☆ 岡山県

［制作者のコメント］　　魚の泳いでいるところを見てください。

［審査員のコメント］　　海の中に少し濃い青の魚が泳いでる。すばらしいセンスですね。

広島県(尾道)

佐藤 寛亮
Sato Kansuke

私の海 ☆ 広島県

[制作者のコメント]　尾道の海はおだやかです。砂浜に座って海を眺めながら、ゆったりとした波音を聞いていると、とても心が落ち着くので、その雰囲気を描きました。

[審査員のコメント]　やさしい青の海の色が「おちつく海」をよく表してます。

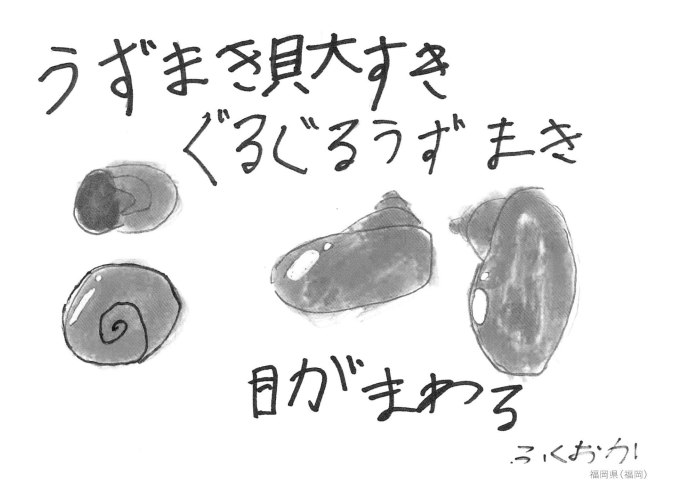

うずまき貝大すき
ぐるぐるうずまき
目がまわる

ふくおか
福岡県（福岡）

倉橋 怜（牟田アトリエ）
Kurahashi Rei

私の海 ☆ 福岡県

［制作者のコメント］　うずまきがいを見ながら、影のところをちゃんと描きました。海で貝に太陽が当たってつやつやしているところを想像しながら、貝にあたる光も描きました。

［審査員のコメント］　みんなもうずまき貝を見つけて、ぐるぐる目を回そう！

すみえの
海は
とても
きれい
やっちゃが！！

すみえ
ビーチ

すみえぞとれた
魚は
おいしいっちゃが！！

きれいで
魚もおいしい
すみえビーチに
きえみらんね！！

宮崎県（延岡 すみえビーチ）
海と日本PROJECT 宮崎エリア賞

伊藤 丈琉（延岡市立延岡東小学校5年）
Ito Takeru

私の海 ☆ 宮崎県

[制作者のコメント]　宮崎の海で採れる美味しい魚を、より美味しく見えるように丁寧に描きました。のんびりとしたあたたかい街のイメージが伝わるように延岡弁で書きました！

[審査員のコメント]　すみえの魚がおいしそうだ。延岡弁もなごみます。

動くポスター（動画）部門
入賞者一覧 （敬称略）

内田 燎
熊谷 薫
久納 亜衣
ナカジマ ナギサ
映像制作団体 録
真城 しょうこ
アイリー
yamaTaKa
藤井 啓子
rin
しゅでい
小川 隆
WAKAKO
タバケン
安村 きさら

動くポスター(動画)部門
入賞

青森県（津軽海峡）
海と日本 PROJECT 青森エリア賞

内田 燎
Uchida Ryo

私の海 ☆ 青森県

[制作者のコメント]　私はサーフィンをやっているので、海はとても好きです。そして空から見る海が好きで、飛行機で窓際に座れたら、よく動画を撮って楽しんでいます。津軽海峡を空から見るのは2回目ですが、この日は、前日まで天気が悪かったせいか波が白く立っていて、北の海っぽさが面白くて撮って応募しました。

[審査員のコメント]　荒れた海が北の海っぽく感じるのは、演歌のせいでしょうか？

東京都（羽田沖）
海と日本 PROJECT 東京エリア賞

熊谷 薫
Kumagai Kaoru

私の海 ☆ 東京都

[制作者のコメント]　すごく幻想的で東京の空とは思えない、まるでファンタジー映画のようにドラゴンや天使でも現れそうな空だったので、その感想のままコピーを付けて応募しました。

[審査員のコメント]　本当に天使でも現れてきそうですね。

神奈川県（三浦海岸）
海と日本 PROJECT 神奈川エリア賞

久納 亜衣 （株式会社ネットリソースマネジメント）
Hisano Ai

私の海 ☆ 神奈川県

[制作者のコメント]　友達の子供と、海を存分に満喫して来ました！

[審査員のコメント]　ちょっとためらって、手をつないで海に入るところがかわいい。

富山県（射水　海王丸パーク）
海と日本PROJECT 富山エリア賞

ナカジマ ナギサ（富山情報ビジネス専門学校）
Nakajima Nagisa

私の海 ☆ 富山県

［制作者のコメント］　風景だけじゃなく、人物が映ってるポスターを作りたいと思い作成しました。お昼だけじゃなく夜にも撮影することができたので、地元の海の魅力を知ってもらえたらと思います！

［審査員のコメント］　終わったと思わせて、「海が大好きだー」の叫びに意表を突かれました。

京都府（天橋立）

映像制作団体 録（立命館大学映像学部）
Eizoseisakudantai Roku

私の海 ☆ 京都府

［制作者のコメント］　360度カメラを使うことにより、地球のように丸く見える映像を作りました！ 美しい地球を守りたいというメッセージが伝わればうれしいです。天橋立の美しい朝焼けの景色をご覧ください！

［審査員のコメント］　360度カメラの映像はインパクトありますね。

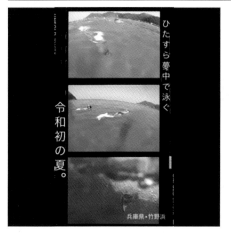

兵庫県（豊岡　竹野浜）
海と日本PROJECT 兵庫エリア賞

真城 しょうこ
Mashiro Shoko

私の海 ☆ 兵庫県

［制作者のコメント］　竹野浜、近畿にもこんなきれいな海があります。友達とひたすら夢中で泳いだ、令和初の夏。とても楽しかったです。きれいな海で潜るのが大好きで、休みの度に海へ行きます。来年の夏もたくさん海に泳ぎに行こうと思います！

［審査員のコメント］　泳ごう、泳ごう、ひたすら泳ごう。

和歌山県（広川　唐尾ビーチ）
海と日本PROJECT 和歌山エリア賞

アイリー
Airi

私の海 ☆ 和歌山県

［制作者のコメント］　ドローンを使用しての仲間達や風景、ジャンプ移動の写真編集など1日を通し楽しさが伝わってくるような動画になっています。海での乗り物を使用した撮影は大変でしたが、臨場感があり迫力満点です。

［審査員のコメント］　ジャンプ移動がおもしろい。第二弾も期待しています。

島根県（出雲　稲作の浜）
海と日本PROJECT 島根エリア賞

yamaTaKa
yamaTaKa

私の海 ☆ 島根県

［制作者のコメント］　自然を相手にしているため、なかなか自分の思い描くものに出会えず何日も通いました。稲佐の浜で、夕日を待ちながら読書をしている方がちらほらいるのは、のんびりと感じる時間の流れのおかげかもしれません。

［審査員のコメント］　夕日を見るためだけに、行くのもいいですね。

岡山県（笠岡　白石島）
海と日本PROJECT 岡山エリア賞

藤井 啓子
Fujii Keiko

私の海 ☆ 岡山県

［制作者のコメント］　笠岡に住む人でも、白石島に来てここまで登る人は少ないんです。でも瀬戸内を一望できるとても素敵な場所なので、ひそかに白石島のとっておきはこの場所だと思ってます。もっと多くの人に知ってもらいたくて応募しました。

［審査員のコメント］　島をぐるっと見渡せる高台。次は登ってみます。

広島県（宮島）
海と日本PROJECT広島エリア賞

rin
rin

私の海 ☆ 広島県

［制作者のコメント］ 宮島に行く船の中。大好きな牡蠣を食べられるワクワク感を出したく、制作しました。

［審査員のコメント］ 牡蠣を食べたい気持ちがあふれ出ていますね。

佐賀県（呼子　キャランコビーチ）

しゅでい
Shudei

私の海 ☆ 佐賀県

［制作者のコメント］ 1枚1枚、呼子の海の良さが伝わるように、心を込めて描きました。最後のイラストが連続で流れる所のイラストも、よければ一時停止して見てみてください。

［審査員のコメント］ アニメーションおもしろい。みなさんもチャレンジしてみてください。

長崎県（野母崎　脇岬海水浴場）
海と日本PROJECT長崎エリア賞

小川 隆
Ogawa Takashi

私の海 ☆ 長崎県

［制作者のコメント］ 脇岬海水浴場は、数年に一度ウミガメが産卵にやってきます。これからも来てくれるよう、ゴミのないきれいな海になるように守っていきたいです。

［審査員のコメント］ 孵化したばかりのウミガメ、はじめてみました。

大分県（国東半島）
海と日本PROJECT 大分エリア賞

WAKAKO
WAKAKO

私の海 ☆ 大分県

［制作者のコメント］　ずっと桜貝を探していて、見つけられずに忘れていたのですが…国東の海で、娘が大事に持ってきた手の中に桜貝がありました。『ママ、これを探していたんでしょう？』と言われて、とてもうれしかった時の思い出です。

［審査員のコメント］　桜貝をいっしょうけんめい探してくれる娘さんが素敵ですね。

沖縄県（久米島　はての浜）
海と日本PROJECT 沖縄エリア賞

タバケン
Tabaken

私の海 ☆ 沖縄県

［制作者のコメント］　東洋一とも称される、久米島のはての浜をたくさんの人達に見てもらいたく、こちらの動画を作りました。

［審査員のコメント］　はての浜きれいですね。これは何度でも行きたくなる。

沖縄県（久米島　はての浜）

安村 きさら （沖縄県立久米島高等学校3年）
Yasumura Kisara

私の海 ☆ 沖縄県

［制作者のコメント］　この作品は仲の良い友達と海でパラセーリングをしたときの動画です。フワッと浮かび上がって見る久米島の海は、とても青くキラキラしてきれいでした。みなさんも久米島に来たら、はての浜へ行ってみてください！

［審査員のコメント］　こんなにきれいな海でパラセーリングやってみたい！

海と日本PROJECTについて

　日本は、世界でも唯一「海の日」を国民の祝日として定めている国であり、その社会や文化は、海に囲まれた環境の中で形づくられてきており、食べ物や生活道具、名前や地名、文学、歌、暦、歳時、祭りなど、さまざまなものが海と結びついている。しかしながら日本財団が独自に行った調査では、10代・20代の若者の約4割が海に親しみを感じていないことが分かるなど、日本人の特に若年層と海との親和性や関係性が希薄になりつつある。

　一方で、世界に目を向けると、世界の人口が急速に増加を続ける中、海洋生物資源の乱獲、生態系のバランス崩壊、海の酸性化、気候変動や自然災害、海底資源の開発競争、海洋権益をめぐる争いなど、海の危機は一層深刻さを増している。

　このような状況を踏まえ、海の日が20回目を迎える2015年を機に始まった「海と日本プロジェクト」（2016年に「海とつながるプロジェクト」から名称及びロゴを変更）は、全国のさまざまな地域で趣向を凝らした取り組みを実施することで、海に囲まれた国、日本に暮らす私たち一人ひとりが、海を「自分ごと」としてとらえ、海を未来へ引き継ぐための行動（アクション）の輪を広げていくことを目指すものである。

　2019年は、日本財団が牽引するオールジャパン体制の下、全国各地で3,000以上ものイベントが開催され、150万人以上の人々が参加した。

海と日本PROJECT in しまね

海と日本PROJECT in 広島

海と日本PROJECT in やまぐち

海と日本PROJECT in ふくおか

海と日本PROJECT in 佐賀

海と日本PROJECT in ながさき

海と日本PROJECT in 鹿児島

2019年のうみぽすは、
各県で海と日本PROJECTの活動を推進する

「海と日本PROJECT in ○○県」

実行委員会のご協力で実施しました。

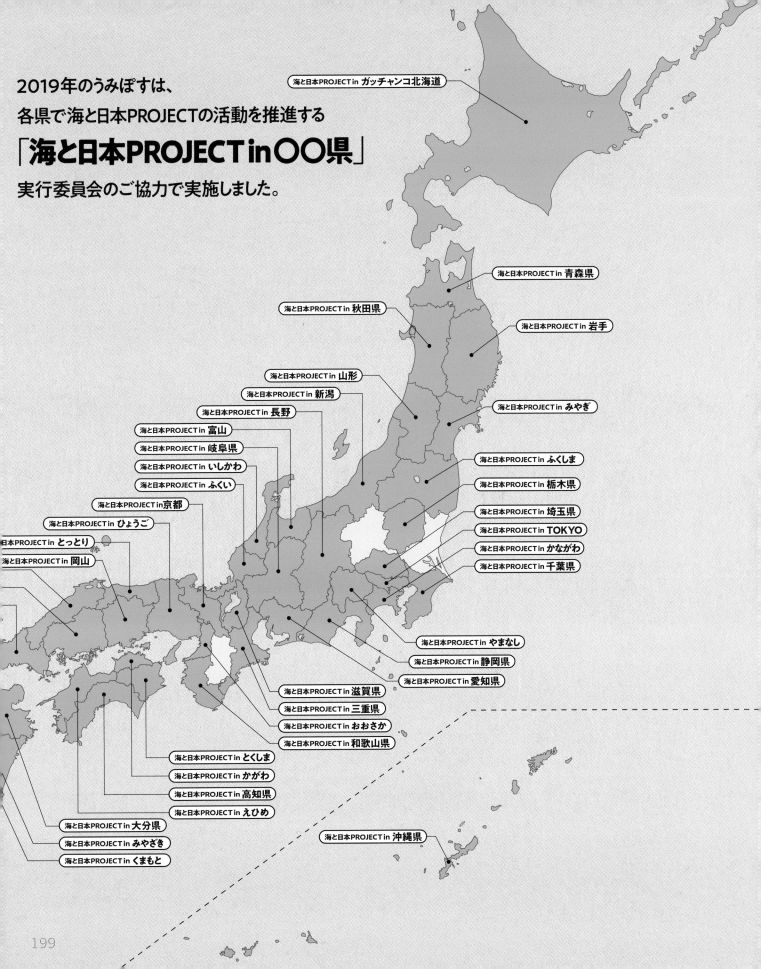

海と日本PROJECT in ガッチャンコ北海道

海と日本PROJECT in 青森県

海と日本PROJECT in 秋田県

海と日本PROJECT in 岩手

海と日本PROJECT in 山形

海と日本PROJECT in 新潟

海と日本PROJECT in みやぎ

海と日本PROJECT in 長野

海と日本PROJECT in 富山

海と日本PROJECT in ふくしま

海と日本PROJECT in 岐阜県

海と日本PROJECT in 栃木県

海と日本PROJECT in いしかわ

海と日本PROJECT in 埼玉県

海と日本PROJECT in ふくい

海と日本PROJECT in TOKYO

海と日本PROJECT in 京都

海と日本PROJECT in かながわ

海と日本PROJECT in ひょうご

海と日本PROJECT in 千葉県

日本PROJECT in とっとり

海と日本PROJECT in 岡山

海と日本PROJECT in やまなし

海と日本PROJECT in 静岡県

海と日本PROJECT in 愛知県

海と日本PROJECT in 滋賀県

海と日本PROJECT in 三重県

海と日本PROJECT in おおさか

海と日本PROJECT in 和歌山県

海と日本PROJECT in とくしま

海と日本PROJECT in かがわ

海と日本PROJECT in 高知県

海と日本PROJECT in えひめ

海と日本PROJECT in 大分県

海と日本PROJECT in みやざき

海と日本PROJECT in 沖縄県

海と日本PROJECT in くまもと

うみぽすのポスターを活用して地元の海を宣伝し合う活動

うみぽす広域連携PRプロジェクト

地元のポスターが、隣の町に貼られます。
うみぽすの作品を互いに貼って、宣伝し合う。
それが「うみぽす広域連携PRプロジェクト」です。
あなたの地元の海のポスターが、
旅先で見られるかもしれません。

あなたの町にポスターボードを贈呈。ご連絡ください。
うみぽす広域連携PRプロジェクトのポスターボードを
無料進呈しています。
空港、駅、観光案内所、コミュニティセンターや学校など
に置きたいと考えている自治体や団体はご一報ください。

うみぽす事務局
TEL：03-5549-2151
E-MAIL：serviceinfo@ocean-alliance.org
担当：内田

全国の参加エリアマップ

函館市
山田町×3
気仙沼市
奄美市
与論町
久米島町×2
浜田市　笠岡市
南房総市
神津島村
玉野市
倉敷市

広 域 連 携 ボ ー ド 設 置 場

［北海道　函館市国際水産・海洋総合研究センター］

［岩手県　山田町役場］

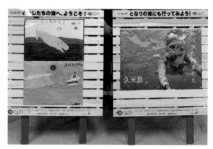

［岩手県　山田町 道の駅やまだ］

［岩手県　山田町 陸中山田駅］

［宮城県　気仙沼市
まち・ひと・しごと交流プラザ PIER7］

［千葉県　南房総市観光インフォメーションセンター］

［東京都　神津島 まっちゃーれセンター］

［岡山県　笠岡市 住吉定期旅客船乗り場］

［岡山県　玉野市 瀬戸内マリンホテル内ロビー］

［岡山県　倉敷市 国民宿舎良寛荘ロビー］

［島根県　浜田市立国府公民館］

［鹿児島県　奄美大島 奄美空港］

［鹿児島県　与論島 与論空港］

［沖縄県　久米島 久米島空港］

［沖縄県　久米島 兼城港］

#うみぽす

SNSで「うみぽす」のイベントや作品情報を発信しています。
みなさんも「#うみぽす」で投稿してくださいね。

うみぽす2019決まったよ！

全160作品の入賞が決まりました。

 Twitter https://twitter.com/Blue_Action

 Facebook https://www.facebook.com/blueactions/

 Instagram https://www.instagram.com/blue_action_insta/

 YouTube https://www.youtube.com/BLUEACTIONorg

 公式サイト https://umipos.com

む　す　び　に

ますます広域に展示される入賞作品

「うみぽす」に入賞した作品は本誌のように作品集として全国の関係者に配布されるだけでなく、公式サイトで閲覧できることはもちろん、ツイッターやフェイスブック、インスタグラムなどで作品情報を発信しています。「♯うみぽす」でSNSをご活用ください。

昨年から始まった「うみぽす広域連携PRプロジェクト」に賛同してボードを設置していただいている自治体の数が、大幅に増えました（200頁参照）

さらに、今年からこのイベントにご協賛いただいている（株）ビックカメラ様のご協力により、去る2月1日〜16日まで、ビックカメラ池袋東口カメラ館においてポスターおよび絵てがみ部門のうち42作品と動くポスター（動画）20作品が展示されました。

また、今年から始まった絵てがみ部門にご協賛いただいている日本郵便（株）様におかれましても、2月3日〜2月9日まで、東京中央郵便局1階エントランスにおいて絵てがみ部門の入賞作品24作品を展示していただきました。

このように「うみぽす」は、作品を制作する方々のお気に入りの「海の情景」、「海を感じる風景」、「海を想う言葉」をポスターや動画、絵てがみで表現した結果（作品）を、全国各地で数多くの人に見ていただけるようになりつつあります。創作する人、展示する人、見る人、それぞれの立場の方々のお一人お一人の心の中に、わが日本の美しく豊かな海が刻まれ始めたのです。

次回はもっともっと多くの人たちが応募して、「海」をキーワードにこの素晴らしい「絆」が拡大していくことを期待します。

海のPRコンテスト「うみぽす2019」実行委員会
スタッフ一同

S T A F F

編集長 EDITOR IN CHIEF

田久保 雅己 Takubo "Sammy" Masami

編集スタッフ EDITORIAL STAFF

鈴木 喜博 Suzuki Yoshihiro
武田 忠治 Takeda Chuji
山崎 れいみ Yamazaki Reimi

編集協力 EDITORIAL COLLABORATOR

内田 聡 Uchida So（海洋連盟）
加藤 才明 Kato Toshiaki（GTO）
後藤 学 Goto Manabu（海洋連盟）
三澤 慶子 Misawa Keiko（海洋連盟）
堀内 一也 Horiuchi Kazuya（海洋連盟）

カメラ PHOTOGRAPHER

小原 泰広 Ohara Yasuhiro

イラストレーター ILLUSTRATOR

小林 隆 Kobayashi Takashi

装丁 COVER DESIGN

佐藤 和美 Sato Kazumi

発行人 PUBLISHER

大田川 茂樹 Otagawa Shigeki

公益財団法人 日本財団
「海と日本PROJECT」助成事業

海のPRコンテスト
「うみぽす2019」作品集

2020年3月10日発行 本体1,000円+税

［ 発行所 ］株式会社 舵社
〒105-0013 東京都港区浜松町1-2-17 ストークベル浜松町
［ 代　表 ］TEL 03-3434-5181　FAX 03-3434-5860
［ 販売部 ］TEL 03-3434-4531　FAX 03-3434-2640
［ 印　刷 ］株式会社 大丸グラフィックス

制作協力

海のPRコンテスト「うみぽす2019」実行委員会
［ 主　催 ］一般社団法人 海洋連盟
〒107-0052 東京都港区赤坂 7-10-6 ストークビル赤坂503
［ 代　表 ］TEL 03-5549-1772　FAX 03-5545-5135

［ 共　催 ］公益財団法人 日本財団／株式会社 舵社

ISBN 978-4-8072-1150-0

書店または当社へなるべく予約ご購読ください。
書店に常備のない場合でも、ご注文になればすぐに取り寄せられます。